El ojo de la Sabiduría

El ojo de la Sabiduría

por

Swami Ramakrishnananda Puri

Mata Amritanandamayi Center, San Ramon
California, Estados Unidos

El ojo de la Sabiduría

por Swami Ramakrishnananda Puri

Publicado por:
Mata Amritanandamayi Center
P.O. Box 613
San Ramon, CA 94583
Estados Unidos

———————————— *Eye of Wisdom (Spanish)* ——————

Primera edición por MA Center: septiembre de 2016

En España: www.amma-spain.org
    fundación@amma-spain.org

En la India:
    inform@amritapuri.org
    www.amritapuri.org

Dedicatoria

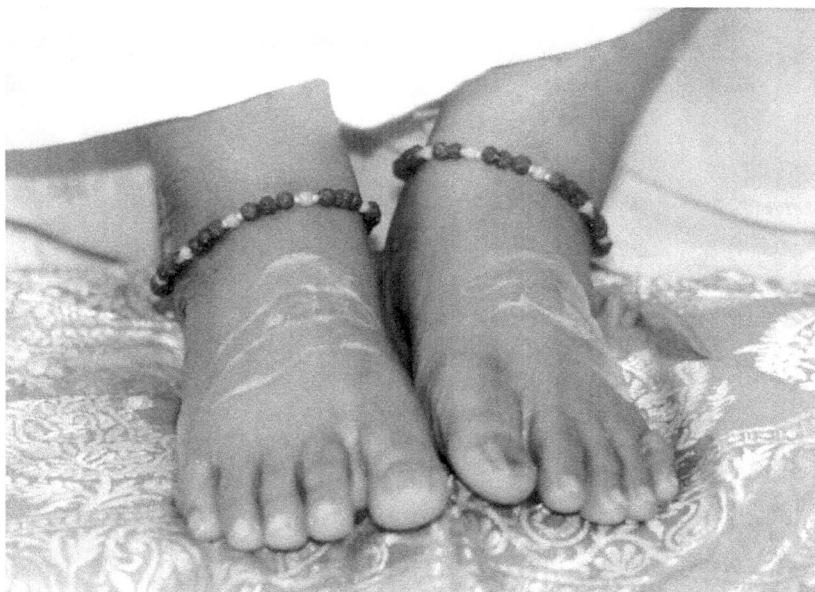

Ofrezco humildemente este libro a los
Pies de Loto de mi amada Satguru
Sri Mata Amritanandamayi.

sarvagaṁ saccid-ātmānaṁ jñāna-cakṣurnirīkṣate
ajñāna-cakṣurnekṣeta bhāsvantaṁ bhānum-andhavat

El Atma, que es la existencia-conciencia
que todo lo impregna,
lo ve el que tiene el ojo de la sabiduría.

El que tiene la visión oscurecida por la ignorancia
no lo percibe, como un ciego no ve el sol brillante.

– Atma Bodha Dipika (65)

Índice

Prólogo

Hace un par de años, durante la gira australiana de Amma, hablaba con algunos devotos sobre ella mientras daba *darshan* a poca distancia. De repente, Amma me llamó. Cuando me acerqué, me roció con pétalos de flores como bendición y me dijo:

—Oye, hoy es tu cumpleaños, ¿verdad?

Le dije a Amma que sinceramente no lo sabía. En India no sólo se tiene una fecha de nacimiento, sino que también hay una estrella de nacimiento. Esta estrella de nacimiento llega una o, en ocasiones, dos veces al mes. El cumpleaños se celebra el día de la estrella de nacimiento en el mes en que se ha nacido. Por eso, en realidad la fecha del cumpleaños es distinta cada año. Aunque ya le había dicho a Amma cuál era mi estrella de nacimiento, nunca en todos estos años le había dicho a Amma o a nadie del *ashram* cuándo era mi cumpleaños. Y, aunque en estos años he visto muchísimas pruebas de la naturaleza omnisciente de Amma, me seguía sorprendiendo que lo supiese y me conmovió profundamente que lo mencionase. Mientras Amma me daba *darshan* y me regalaba una manzana por mi cumpleaños, recordé que las escrituras dicen que un verdadero maestro puede ver el pasado, el presente y el futuro de todos los seres vivos. Y, aunque Amma nunca diría algo tan fuerte sobre sí misma, en su estilo inimitable y siempre discreto, que te perderías si pestañeas, ella me estaba diciendo que no se le escapa una, y nunca se le ha escapado.

Fue entonces cuando empecé a plantearme por primera vez la posibilidad de escribir un libro sobre la forma en la que Amma ve el mundo. Por supuesto, no se me puede considerar una fuente con autoridad sobre el tema. No se puede realmente aspirar a comprender o explicar exactamente cómo otra persona ve el mundo, y menos aún un maestro espiritual de la talla de Amma. Y aún así, en los treinta años que he vivido con Amma, sentado a sus pies, viéndola desde la distancia y recibiendo su guía en asuntos grandes y pequeños, creo que tengo algo que ofrecer sobre el tema, por muy limitado que pueda ser. Con la ayuda de pistas, razonamientos y experiencias he empezado a juntar las piezas del puzzle.

Esto sí que lo sé con certeza: la suya es verdaderamente una visión desde más allá, más allá de cualquier cosa que podamos comprender, más allá de cualquier cosa que hayamos soñado, más allá de cualquier "cosa". Ciertamente, más allá de las palabras. Con todo, Amma trata de explicárnoslo y haríamos bien en intentar comprenderlo.

En la *Bhagavad Gita* (2.29), *Sri Krishna* dice:

aścaryavat paśyati kaścid enam
āścaryavad vadati tathaiva cānyaḥ
āścaryavaccainam anyaḥ śṛṇotī
śrutvāpyenaṁ veda na caiva kaścit

Uno ve el *Atma* (el Verdadero Ser) como una maravilla;
otro dice que es una maravilla;
otro más oye que es una maravilla;
aunque lo oye, otro no lo conoce en absoluto.

Entre el programa de la mañana y de la tarde de Seattle, en la última gira de Amma por América del Norte, nos quedamos en el piso de un devoto desde el que se veía un bello lago tras el cual aparecía imponente el nevado monte Rainier. Cuando la asistente de Amma vio el paisaje, dejó las ventanas abiertas para que Amma pudiera contemplar también esta pintoresca vista. Pero cuando Amma entró en la habitación y su asistente intentó que mirase la montaña, ella ni siquiera apartó los ojos de la carta que estaba leyendo.

Su asistente insistió:

—Amma, por favor, échale sólo un vistazo. No tardarás ni un minuto. Es precioso.

Finalmente, Amma contestó:

—Para Amma tanto el exterior como el interior son bellos.

Verdaderamente, no hay nada más bello y dichoso que el *Atma*. Una verdadera maestra como Amma, que se deleita en el Ser, no necesita nada más.

Swami Ramakrishnananda Puri
Amritapuri
27 de septiembre de 2007

Sri Mata Amritanandamayi

Una introducción

Mediante sus extraordinarios actos de amor y sacrificio *Sri Mata Amritanandamayi Devi*, o Amma (Madre), como se la conoce más comúnmente, se ha ganado el cariño de millones de personas de todo el mundo. Acariciando con ternura a todo el que se acerca a ella, manteniéndolos cerca de su corazón en un abrazo amoroso, Amma comparte su amor sin límites con todos, independientemente de sus creencias, de quienes sean o por qué hayan acudido a ella. De esta forma simple pero poderosa Amma está transformando la vida de innumerables personas, ayudando a que sus corazones florezcan, abrazo a abrazo. En los últimos treinta y seis años Amma ha abrazado físicamente a más de veintiséis millones de personas de todas las partes del mundo.

Su incansable espíritu de dedicación a elevar a los demás ha inspirado una enorme red de actividades humanitarias mediante las cuales otras personas están descubriendo el profundo sentimiento de paz y de plenitud interior que surge cuando se sirve desinteresadamente a los demás. Amma enseña que lo Divino existe en todas las cosas, animadas e inanimadas. Percibir esta unidad subyacente en todas las cosas no sólo es la esencia de la espiritualidad sino también la manera de acabar con todo el sufrimiento.

Las enseñanzas de Amma son universales. Siempre que se le pregunta por su religión responde que su religión es el Amor. No le pide a nadie que crea en Dios o que cambie su fe sino sólo que investigue su propia naturaleza verdadera y que crea en sí mismo.

Capítulo 1

La verdadera visión 20/20

"Todo hombre toma los límites de su propio campo de visión por los límites del mundo".

—Arthur Schopenhauer

Existe tanto aislamiento y división en el mundo actual que incluso hemos empezado a darlo por supuesto. Y sin embargo el concepto de una civilización humana utópica que existió en un pasado lejano o que regresará en un futuro no tan distante nos resulta bastante familiar a todos nosotros. Por supuesto, están las historias de la mítica isla de la Atlántida, oculta para siempre bajo el mar. Y la leyenda ficticia de Shangri-la, un valle completamente apartado del mundo exterior donde reinan la paz y la armonía. Los poetas griegos tuvieron su Edad de Oro. Y los *puranas* hindúes dividen la historia de la humanidad en cuatro *yugas* o edades, siendo la más antigua el *Satya Yuga* (la Edad de la Verdad), en la que los seres humanos vivían en perfecta armonía entre ellos y con la naturaleza y donde reinaba la paz absoluta. Pero, aunque el concepto del *Satya Yuga* no sea un mito, sucedió hace mucho tiempo.

Aún así, todos queremos un mundo libre de guerras, agitación social, corrupción, enfermedades, pobreza y hambre. Irónicamente, dichas situaciones son casi lo único que vemos actualmente en las noticias en todos los rincones del mundo. Hay una enorme distancia entre los ideales que la humanidad se ha fijado y la realidad de nuestro mundo.

Con la tecnología actual vivimos literalmente en una aldea global; pero hay tantas personas en el mundo con tantos intereses, objetivos e ideales en conflicto que el mayor reto de nuestro tiempo es sencillamente aprender a vivir en armonía unos con otros. La tecnología ha hecho que el mundo sea un lugar más pequeño, pero no puede curar los conflictos ideológicos y culturales debidos a nuestra recién descubierta proximidad con los demás. A este ritmo parece que las juguetonas palabras de Ralph Waldo Emerson —"El final de la raza humana consistirá en que acabará muriendo de civilización"— podrían resultar más proféticas de lo que nadie en su época hubiese podido imaginar.

Esta división se presenta no sólo entre las distintas naciones y pueblos, sino incluso entre los miembros de una misma familia. Una vez leí en una revista la siguiente carta escrita por una niña pequeña: "Querido Dios, apuesto a que Te resulta muy difícil querer todo lo de todo el mundo. En mi familia sólo somos cuatro y no siempre puedo quererlos a todos".

Amma dice: "Si hay cuatro personas en una familia, cada uno vive como si estuviera en una isla desierta. No hay una comunicación sincera entre ellos". Para ilustrar esta idea, cuenta la siguiente historia:

Una familia de tres miembros compartía solamente un coche. Una noche el padre quería ir a ver una película, la madre quería ir de compras y su hijo quería ir a un concierto. Cada uno de ellos trató de convencer a los demás de que cumplieran su propio deseo. Al final se pusieron a discutir y nadie fue a ningún sitio. De hecho, la solución era fácil: el hijo podía haber dejado a su padre en el cine, a su madre en el centro comercial, haber ido al concierto y después haberlos recogido a los dos de vuelta a casa. Pero como ninguno estaba siquiera dispuesto a tener en cuenta la validez de los deseos de los demás, la solución práctica se les escapó.

Algunas personas pueden percibir el panorama global de la vida —la macroperspectiva—, pero su preocupación por ella les lleva a menudo a pasar por alto las pequeñas cosas que marcan la diferencia: una sonrisa llena de amor, una palabra de consuelo o una acción considerada. De una persona así se ha dicho: "Seguro que ama a la humanidad, pero odia a la gente".

Otros tienden a ver la microperspectiva, pero su preocupación por ella les da a menudo una visión estrecha de la vida, ya que se centran demasiado en una tarea o en un área sin tener en cuenta su interrelación con todo lo demás.

Amma cuenta una historia para ilustrar este punto: Una vez, a un hombre se le encargó el trabajo de pintar las líneas blancas que hay en medio de una autopista. El primer día pintó diez kilómetros; al día siguiente, cinco kilómetros; al siguiente, menos de un kilómetro. Cuando su supervisor le preguntó al nuevo trabajador por qué pintaba menos cada día, él le respondió con frustración:

—No puedo hacer más. Cada día estoy más lejos del bote de pintura.

Del mismo modo, la mayoría de nosotros sólo vemos el mundo desde nuestra propia perspectiva, no desde la de nadie más. Y tampoco podemos ver el todo. Pero Amma ve el todo y al mismo tiempo su conciencia fluye a todas y cada una de las personas como partes de ese todo. Esta visión holística, o *samashti drishti*, no es simplemente una cuestión de centrarse en lo grande en lugar de en lo pequeño. Se basa en el principio espiritual fundamental de que la Conciencia Suprema llena el Universo como el Hilo Único de la Vida, el *Sutratma*, enhebrando a todos los seres y todas las cosas. "El amor es la manifestación del Verdadero Ser", dice Amma. "Es el amor el que enhebra toda la creación en un solo hilo. Por eso se dice que Dios es amor".

En la *Bhagavad Gita* (7.7), *Sri Krishna* dice:

mattaḥ parataraṁ nānyat kiṁcid asti dhanaṁjaya
mayi sarvam idaṁ protaṁ sūtre maṇigaṇā iva

No hay nada en absoluto más elevado que Yo, oh
Dhananjaya.
Todo esto está enhebrado en Mí como una serie de joyas
en un hilo.

Desde su perspectiva universal, Amma dice que los problemas
que nos parecen evidentes en el mundo actual no son más que
manifestaciones tangibles de los problemas que hay en la mente
de los seres humanos individuales. A menudo nos olvidamos de
que el todo sólo es una agrupación de partes, y que nos incluye
a todos y cada uno de nosotros. "La sociedad está formada por
individuos", nos dice Amma. "El conflicto de la mente individual
es lo que se manifiesta exteriormente como la guerra. Cuando
los individuos cambien, la sociedad cambiará automáticamente.
Igual que el odio y la venganza existen en la mente, la paz y el
amor también pueden existir en la mente". En su discurso de las
Naciones Unidas el año 2000 Amma señaló que "el conflicto de
la sociedad procede del conflicto que hay dentro del individuo".

El factor determinante de la calidad del mundo en el que
vivimos reside, por tanto, en la mente de cada individuo. Las
semillas invisibles de los problemas concretos del mundo existen
en el corazón de los seres humanos. Por tanto, además de tratar
los síntomas físicos evidentes en la capa superficial de la sociedad,
es igualmente importante examinar la fuente interior de esos
problemas. Si el conflicto de nuestra mente puede resolverse, los
seres humanos podrán disfrutar de una paz y una prosperidad
mucho mayores en todas partes.

Cuando vamos a revisarnos la vista nos muestran una tabla con letras y números situada al otro lado de la habitación. Después se evalúa nuestra vista según lo bien que podamos ver a una distancia de siete metros en comparación con cómo pueda ver una persona con vista perfecta a esa distancia. Esta medida se llama la fracción de Snellen, por el oftalmólogo holandés Hermann Snellen, que creó la clásica tabla de letras en 1863. Desde entonces se ha aceptado que la fracción de Snellen "20/20" significa una vista perfecta.

Snellen estableció el tamaño de las letras de su tabla de examen comparando la vista de un gran número de pacientes con la de su ayudante, que podía ver objetos lejanos muy claramente. Sin embargo, los relatos históricos no explican cómo sabía Snellen que su ayudante tenía una vista "perfecta".

Esto significa que nuestra norma de vista perfecta se basa en la agudeza visual de un solo hombre, que fue escogido más o menos arbitrariamente por su proximidad al científico que estaba creando el sistema de medida. Y sin embargo todo el mundo acepta la medida de Snellen como el patrón perfecto de claridad y fortaleza de visión.

Del mismo modo, todos nosotros aceptamos que hay una forma perfecta y de sentido común de ver el mundo que nos rodea, a pesar de que sabemos que nuestros sentidos humanos son muy limitados. Incluso en el radio inmediato de nuestro cuerpo físico hay mucho de lo que somos inconscientes. En muchos niveles, hasta los perros demuestran más conciencia de su entorno. Hay frecuencias sonoras que el oído humano no puede detectar pero que un perro puede oír claramente. Un perro puede detectar muchos olores que no existen para nosotros.

Y en la India incluso se dice que un perro puede ver a seres sutiles que son invisibles para el ojo humano. Esto explica por qué a veces los perros ladran sin razón aparente.

También está el poco conocido hecho de que, en comparación con el número de víctimas humanas, casi ningún animal resultó dañado en el *tsunami* asiático de 2004. En toda Asia del Sur los animales parecieron sentir la llegada de la catástrofe y se fueron a terrenos más altos. En varios casos, los turistas que se encontraban en los parques naturales vieron marcharse a los elefantes hacia las colinas y les pareció prudente seguir sus pasos. Esta decisión supuso la diferencia entre la vida y la muerte.

Está claro que, de alguna manera, los animales han desarrollado las capacidades sensoriales con más precisión que nosotros. Y ciertamente podemos aceptar que hay personas cuyas capacidades sensoriales están sintonizadas con mayor precisión que las nuestras. Igual que puede haber seres humanos con una vista mejor que la del ayudante de Hermann Snellen, ¿no es posible que haya seres humanos que tengan una manera más avanzada de mirar el mundo?

Desde un punto de vista práctico podemos comprobar fácilmente que la manera que Amma tiene de ver el mundo es mucho más eficaz, beneficiosa y de mayor alcance que la nuestra. Amma ve su propia conciencia en todos. "Tú no eres diferente de mí", dice. "Tú y yo somos uno". Por tener esta perspectiva, Amma está completamente en paz en todas las situaciones y puede transmitir esa paz a todo el que conoce. Cuando no vemos ninguna diferencia entre nosotros y los demás, ¿cómo podemos odiarlos? ¿Cómo podemos juzgarlos? Sólo podemos amarlos. Como ve a todos como una extensión de sí misma, Amma sólo puede acariciar y consolar a todas las personas con las que se encuentra. Independientemente de las aparentes diferencias externas, hay una Conciencia subyacente. Amma lo explica: "Sea cual sea el color de la vaca, la leche siempre es blanca. Del mismo modo, independientemente de la cultura o el carácter de la persona, la Conciencia que la ilumina es la misma".

La visión de unidad de Amma es, de hecho, la esencia de la espiritualidad. Es una visión que Amma quiere que todos nosotros tengamos, porque sabe que percibir esta realidad es lo único que nos traerá la paz como individuos y como mundo.

En este mundo de tanta violencia, odio, conflictos religiosos y choques culturales, ¿qué perspectiva es más perfecta, nuestro mundo de diferencia y división o el mundo de unidad del *mahatma*[1]? Propongo que consideremos a los *mahatmas* como quienes tienen la verdadera visión 20/20 y que todos midamos nuestra perspectiva sobre la vida en relación con su patrón oro. De esta manera podemos sin duda ampliar nuestra perspectiva y empezar a ver el mundo, y a nosotros mismos, con una claridad cristalina.

---

[1] Literalmente, "gran alma". Aunque el término se utiliza ahora más ampliamente, en este libro *mahatma* se refiere a alguien que habita en el conocimiento de que él o ella es uno con el Ser Universal o *Atma*.

Capítulo 2

Castillos de arena y piedra

"La realidad sólo es una ilusión, aunque muy persistente".

—Albert Einstein

"Soñé que era una mariposa que volaba por el cielo. Después me desperté. Ahora me pregunto: ¿soy un hombre que soñó ser una mariposa o una mariposa que sueña ser un hombre?"

—Chuang Tzu

Un piloto de avión con mala vista había logrado pasar sus revisiones oftalmológicas periódicas memorizando antes las letras de la tabla; pero un año su oculista utilizó una tabla nueva que el piloto nunca había visto. El piloto se dispuso a recitar la tabla antigua y entonces la oculista se dio cuenta del engaño.

De hecho, el piloto estaba prácticamente ciego. La oculista no pudo reprimir su curiosidad:

—¿Cómo puede alguien con su vista pilotar un avión?

—Ahora todo está completamente automatizado. El ordenador del avión conoce nuestro destino y lo único que tengo que hacer es conectar el piloto automático y el avión vuela prácticamente solo.

—Eso puedo entenderlo —contestó la médica—; pero, ¿qué hay del despegue?

—Es fácil. Simplemente dirijo el avión por la pista, acelero al máximo ¡y despegamos!

—¡Pero todavía no entiendo cómo aterriza! —insistió la oculista.

—Oh, ésa es la parte más sencilla. Todo lo que hago es utilizar el radiofaro de aterrizaje del aeropuerto para llegar a la pista adecuada. Entonces desacelero, espero a que el copiloto grite aterrorizado, levanto el morro del avión y aterrizo bien.

Cada uno de nosotros tiene su propia manera de ver y evaluar sus experiencias y las personas y objetos del mundo. Pero, de hecho, aunque nuestra perspectiva pueda ser perfectamente correcta para nosotros, podría no serlo para los demás. Dos personas distintas que se hallen en el mismo entorno podrían vivir en mundos realmente muy diferentes.

Las escrituras del *Sanatana Dharma*[2] describen tres niveles de realidad: son la *pratibhasika satta* (la realidad aparente), la *vyavaharika satta* (la realidad empírica o relativa) y la *paramarthika satta* (la realidad absoluta). Para nuestros fines vamos a llamarlas la realidad subjetiva, la realidad objetiva y la realidad suprema.

La realidad subjetiva comprende las experiencias que sólo son reales para quien las experimenta y para nadie más. Ejemplos de realidad subjetiva son los sueños, las alucinaciones y las visiones. La realidad subjetiva de una persona puede ser completamente diferente de la de otra. Una persona puede ser incluso incapaz de imaginar lo que a otra le parece real.

Una vez el psiquiatra de un hospital psiquiátrico estaba evaluando a sus pacientes de larga estancia para comprobar si ya estaban listos para reincorporarse a la sociedad.

—En tu ficha veo que se te ha recomendado para el alta —dijo el médico a uno de sus pacientes—. ¿Tienes alguna idea de lo que puedes hacer cuando salgas?

---

[2] "La Forma Eterna de Vida". El nombre original y tradicional del hinduismo.

—Bueno, fui a la facultad de ingeniería mecánica —dijo el paciente pensativo—. Ése todavía es un buen campo. Por otra parte, he pensado que podría escribir un libro sobre mis experiencias en el hospital.

El médico asintió con aprobación. El paciente prosiguió:

—A la gente podría interesarle leer un libro así. Además, he pensado que podría regresar a la universidad y estudiar historia del arte.

El médico asintió de nuevo comentando:

—Sí, todas ésas parecen posibilidades interesantes.

Sin embargo, el paciente no había terminado.

—Y lo mejor es que, en el tiempo libre, puedo seguir siendo una tetera.

La realidad subjetiva es completamente personal. La proximidad da igual. Un sueño o una visión que le parece muy real a una persona no será nada real para otra, aunque esté sentada justo al lado del soñador. Todos hemos tenido la experiencia de algún sueño clarísimo; pero cuando intentamos compartirlo con otra persona a menudo vemos que a la otra persona no le interesa especialmente. Esto se debe a que para el oyente no se basa en la realidad. Sólo es un producto de nuestra imaginación.

La realidad objetiva es lo que la mayoría de las personas experimentan en su vida cotidiana. Si estamos sentados en una silla, entendemos que se trata de una silla y no de una nave espacial. Del mismo modo, todos podemos sentir el calor del fuego: nadie entraría corriendo en una casa en llamas. Ésta es la realidad objetiva. Cuando alguien te dice que aceptes la realidad, te está diciendo que aceptes la realidad objetiva del mundo como la mayor parte de las personas lo ven y lo experimentan. La mayoría diría que la realidad objetiva es la única realidad, el único juego aceptado por todos.

Sin embargo, las escrituras dicen que la realidad objetiva no es absoluta. Sólo es relativamente real, y sólo la tomamos como la realidad suprema porque todos vemos el mundo desde el punto de vista del cuerpo físico. Todos tenemos el cuerpo físico como punto de referencia común. Y desde el punto de vista del cuerpo físico es cierto que este mundo es real; pero si cambiamos de punto de vista, se convierte en irreal. Por ejemplo: desde el punto de vista del soñador el mundo de la vigilia no es real en absoluto.

Desde luego, nadie se toma en serio el punto de referencia del soñador, excepto para compadecerse de alguien que tiene una pesadilla. Pero hay otro punto de referencia que merece la pena tomar en serio. Es el punto de referencia de los *mahatmas*. Es el tercer nivel de realidad que describen las escrituras: *paramarthika satta*, la realidad absoluta.

Tanto la realidad subjetiva como la objetiva dependen completamente de la realidad absoluta: no podrían existir sin ella, porque es su sustrato, pero también está más allá de ambas. Mientras lees este libro, eres consciente de tu propio cuerpo y del libro. Incluso puedes sentirte agradecido de tener dos manos para agarrar el libro y ojos para leer las palabras. Pero, ¿cuántos de nosotros recordamos que la luz es la que realmente nos permite leer? Del mismo modo, la realidad absoluta es la que hace posible todas las formas de percepción. En su ausencia, todo estará ausente. Y a la vez la propia realidad absoluta está más allá de la percepción.

Mirémoslo desde otro ángulo, tomando como ejemplo las joyas hechas de oro y el propio elemento oro. El oro es el sustrato de todas las joyas de oro: sin el oro, las joyas de oro no existirían. Por otro lado, el oro trasciende las joyas. Existan o no las joyas, el oro sigue existiendo. Por tanto, en lo que respecta a las joyas el oro es la realidad absoluta. Las formas ornamentales de las joyas —anillo, collar, pulsera— sólo son relativamente reales.

Amma dice: "Para mí no hay diferencia entre lo material y lo espiritual. Las olas y el mar no son dos cosas. El producto no es distinto del material del que está hecho. Es la misma sustancia con formas diferentes. Del mismo modo, el Creador y la creación no son dos cosas: son uno".

En relación con el cuerpo, la mente y el intelecto, la Conciencia Pura que los anima —el *Atma*— es la realidad absoluta. Si la Conciencia está presente, el cuerpo, la mente y el intelecto también pueden funcionar. Sin Conciencia, el cuerpo, la mente y el intelecto no pueden ni existir, y mucho menos funcionar; pero, incluso cuando el cuerpo, la mente y el intelecto desaparecen, la Conciencia permanece. En la *Bhagavad Gita*(10.20), *Sri Krishna* afirma:

aham ātmā guḍākeśa sarva-bhūtāśaya-sthitaḥ
aham ādiśca madhyaṁ ca bhūtānām anta eva ca

Soy la Conciencia Suprema, oh *Arjuna*,
que está en el corazón de todos los seres vivos.
Soy el comienzo, la mitad y el fin de todos los seres
vivos.

Esta naturaleza eterna de la Conciencia es la que permite a los *rishis* (visionarios) decir que el *Atma* es absolutamente real. Concibieron una prueba simple y lógica para determinar si algo podía llamarse verdadero o real en el sentido último. Sólo si existe sin cambios en los tres periodos del tiempo —el pasado, el presente y el futuro— se le puede llamar real. Todo lo demás sólo es temporal o "relativamente real". Por eso, cuando rezamos "condúcenos de lo falso a la Verdad" estamos pidiendo que adquiramos la capacidad de elevar nuestra conciencia de nuestro nivel actual de realidad relativa —falsedad— al nivel de la Conciencia Pura o la Verdad Suprema.

Cuando estamos sumergidos en un sueño estamos totalmente inconscientes del mundo de la vigilia; pero cuando nos despertamos nos damos cuenta de que el sueño no era en absoluto real sino que sólo nos parecía real en ese momento. Es más, comprendemos que nosotros mismos habíamos creado todo y a todos los que aparecían en el mundo del sueño.

Sabemos que quien antes soñaba es el mismo que ahora está despierto, porque recordamos lo que hicimos y experimentamos en el sueño. Si fuésemos dos entidades diferentes nunca recordaríamos nuestros sueños. Por supuesto, no podemos recordar todos nuestros sueños, pero eso no significa que seamos diferentes del que sueña. Sólo porque no seamos capaces de recordar la experiencia de nuestro nacimiento no afirmamos que nunca hayamos nacido. Después de todo, ¿podemos recordar todo lo que hicimos ayer mismo?

Cuando estamos inmersos en el sueño estamos convencidos de que el mundo soñado es la única realidad; pero cuando nos despertamos nos desidentificamos completamente del sueño y nos identificamos completamente con nuestro cuerpo físico y con el mundo que nos rodea. Con un suspiro de alivio, nos decimos: "¡oh, qué contento estoy de que eso no fuera real!"

El mismo concepto se aplica en nuestra vida de la vigilia. En este momento estamos totalmente convencidos de que el mundo de la vigilia es lo único que existe realmente; pero cuando comprendemos la realidad absoluta, que es la base de la realidad relativa en la que estamos instalados ahora, nos damos cuenta de que no somos un individuo limitado sino la propia Realidad, y que somos nosotros quienes hemos creado todo este mundo de la vigilia. Esto no significa que entonces desaparezca el mundo de la vigilia —como sucede con el mundo soñado para el que se despierta de su sueño—, sino que podemos ver la unidad inherente que llena la diversidad aparente del mundo de la vigilia.

Un día un rey estaba inspeccionando las fronteras de su reino. A un lado del reino estaba el mar. El rey se detuvo un momento para observar a dos niños que construían castillos de arena en la playa. De repente se pusieron a discutir. Uno de los niños derribó de una patada el castillo de arena del otro. Viendo al rey a lo lejos, el otro niño fue y se quejó de la injusticia. El rey se rió del niño por enfadarse tanto por un par de castillos de arena. Siguió riéndose hasta que su consejero espiritual comentó:

—Cuando luchas en la guerra y pasas noches en vela preocupado por castillos de piedra, ¿cómo puedes reírte de estos niños por luchar por castillos de arena?

Para los niños los castillos de arena parecían la realidad última, mientras que el rey atribuía la realidad absoluta a los castillos de piedra. Los niños estaban instalados en la realidad subjetiva mientras que el rey estaba instalado en la realidad objetiva. Pero para el maestro que ha comprendido la realidad absoluta ambas realidades son igualmente irreales: ambas son una especie de estado de sueño.

Cuando estamos inmersos en la realidad objetiva, el mundo físico de los nombres y las formas es muy real y consideramos irreales los sueños de la noche anterior; pero para el soñador el mundo de la vigilia no es real. Y para una persona en sueño profundo, los mundos del sueño y de la vigilia no tienen ninguna relevancia o realidad. Por tanto, la única realidad absoluta es la conciencia pura, el "yo" que presencia los tres estados corrientes de conciencia: la vigilia, el soñar y el sueño profundo. Por eso a la realidad absoluta de la Conciencia Pura también se la llama el *Atma* o Verdadero Ser de todos los seres vivos.

Hay una historia verídica de *Tamil Nadu* sobre otro rey que aprendió una lección aún más profunda. El rey confió a uno de sus ministros la compra de varios caballos de pura sangre; pero, en vez de hacer eso, el ministro, que era un devoto incondicional del Señor *Shiva*, gastó el dinero en obras benéficas y reformas del templo. Cuando el rey descubrió esta transgresión, metió de inmediato en la cárcel al devoto ministro.

Poco después, cuando llegó el monzón, uno de los ríos de su reino empezó a salirse de su cauce. El rey declaró el estado de emergencia y ordenó que una persona de cada casa ayudara a reforzar las paredes de barro que había a lo largo de la orilla del río para impedir que el reino se inundara. Obligaron a una anciana a participar ya que era la única persona que quedaba en su casa. Sin embargo, como era demasiado mayor para realizar cualquier tipo de trabajo manual y no fue capaz de encontrar a nadie que la sustituyera, la mujer le rezó a su querido Señor *Shiva* para que la ayudase de alguna forma. Casi desesperada, miró hacia arriba y vio a un desconocido de pie delante de ella. Aunque había vivido en el pequeño reino toda su vida, nunca antes lo había visto. La anciana se acercó a él y le dijo:

—Joven, por favor, haz mi parte del trabajo y alíviame de mi carga. Para ti no será nada.

El hombre contestó:

—No voy a trabajar gratis. Tienes que ofrecerme alguna cosa a cambio.

La pobre anciana no tenía nada que ofrecer más que el *puttu* (un plato de arroz y coco) que preparaba cada día para ganarse la vida a duras penas. Cuando se lo explicó al hombre, éste dijo:

—Con eso basta. Dame de comer y trabajaré por ti.

Así que la anciana llevó al hombre a su casa y le preparó un enorme desayuno. Después de comer, el joven fue a la orilla del río, pero en lugar de hacer su parte del trabajo simplemente se quedó allí cotilleando con otros, distrayéndoles también de su trabajo. Al darse cuenta de esto, uno de los supervisores se lo dijo al rey. El rey se dirigió inmediatamente al hombre y se puso a pegarle con un palo.

El hombre no protestó, pero sucedió una cosa curiosa: en el momento en el que el palo tocó su piel, todos sintieron el dolor, como si la madera hubiera azotado su propia piel. Toda la ciudadanía, incluido el propio rey, gritó de dolor.

Muy desconcertado, el rey dio un paso atrás y dejó que el extraño joven se marchara. El joven dio unos pasos y desapareció.

Al verlo el rey comprendió que había recibido una visita del propio Señor y que Dios le estaba mostrando que su Conciencia estaba presente en todos los seres vivos. Además, pensó que el Señor le había reprendido indirectamente por haber tratado tan mal a su piadoso ministro. El rey se marchó del lugar de trabajo y fue directamente a la cárcel, donde ordenó que el ministro fuese liberado y restituido en su cargo. Tras la puesta en libertad del ministro, el rey reconoció:

—Creía que las riquezas del palacio me pertenecían y por eso te castigué; pero ahora me doy cuenta de que todo le pertenece a Dios y que de hecho tú habías gastado el dinero de forma correcta.

Cuando sabemos que nuestro Verdadero Ser es la Conciencia Pura, que somos uno con Dios, también sabemos que suceda lo que suceda en los tres estados de sueño profundo, soñar y vigilia nunca puede afectar o limitar quién somos realmente. Esta libertad del tiempo y del espacio o *jivanmukti* es la fuente de una paz y una dicha ilimitadas y es la meta del alma humana.

Capítulo 3

Elevarse sobre la realidad relativa

"Sólo uno que está despierto puede despertar a otros".

—Amma

"La última de las libertades humanas, el escoger la actitud que se adopta en cualquier conjunto dado de circunstancias, es escoger nuestro propio camino".

—Victor Frankl

Una vez, un hombre que había llegado hacía poco a un país extranjero fue al mercado. Allí vio una atractiva fruta que nunca antes había visto. Seguro de que estaría deliciosa, compró una bolsa de frutas y se sentó en un banco del parque para disfrutar de su descubrimiento. Con gran entusiasmo mordió la primera y comprobó que era terriblemente picante. La desechó y pensó: "Quizás estuviera mala. Probaré otra". La siguiente también estaba igual de fuerte. Lamiéndose los ardientes labios decidió probar suerte y morder la tercera. Se encontró con lo mismo. Pensando que quizás las de arriba estuvieran en mal estado, empezó a comerse las siguientes. Cada una picaba más que la anterior y las lágrimas empezaron a deslizarse por su rostro. Sin embargo, el hombre persistió y sólo cuando hubo probado todos los chiles se vio obligado a concluir que su nueva "fruta" no era lo que él había pensado.

Podríamos reírnos de la necedad del hombre; pero, ¿no somos nosotros igual de incapaces o poco dispuestos a aprender de nuestros errores? También nosotros seguimos tratando de obtener satisfacción con una cosa tras otra. Y, al final, igual que al principio, nuestra recompensa no es más que una fruta amarga.

Swami Purnamritananda, uno de los discípulos principales de Amma, cuenta la siguiente anécdota: Un día estaba traduciendo para Amma cuando alguien se acercó a Ella con aspecto desesperado y tremendamente triste. Cuando Amma le preguntó cuál era el problema, el hombre le explicó que llevaba meses buscando trabajo y que era incapaz de encontrar uno en ninguna parte, y que ahora estaba incluso pensando en suicidarse. Amma le consoló y le pidió que se sentara a su lado. Un rato después otra persona abatida le contó a Amma que había sufrido tanta tensión y presión económica en el trabajo que pensaba que era mejor morir. Amma le secó las lágrimas y le pidió que se sentara a su lado. Al cabo de un rato, una pareja con los ojos llorosos llegó donde Amma y le contó que, incluso después de años de consultas médicas, no habían podido tener un hijo. Y poco después de eso, otra pareja vino a Amma con el corazón entristecido diciendo que su único hijo les había repudiado y que incluso les había puesto una demanda en los tribunales. Más tarde, una mujer más mayor llegó a Amma llorando porque no había encontrado marido y temía ser ahora demasiado mayor para atraer a un pretendiente. Finalmente, otra mujer vino diciendo que su matrimonio había convertido su vida en un infierno.

Algunas de estas personas vinieron a Amma porque querían algo y otras porque tenían algo de lo que querían deshacerse; pero todas tenían una cosa en común: eran infelices y culpaban de su infelicidad a sus circunstancias actuales.

Hay una antigua parábola romana sobre un burro que nunca estaba satisfecho. Al principio el burro pertenecía a un comerciante de hierbas, pero, considerando que su dueño le daba demasiado poca comida y demasiado trabajo, le pidió al dios romano Júpiter que le liberase de su trabajo actual y le facilitase otro dueño. Júpiter le advirtió que lamentaría su solicitud, pero el burro insistió, así que Júpiter hizo que fuese vendido a un albañil. Poco después, viendo que tenía cargas más pesadas que transportar y un trabajo más duro en el ladrillar, pidió otro cambio de amo. Júpiter le dijo que sería la última vez que le podría conceder ese deseo. El burro estuvo de acuerdo y Júpiter ordenó que fuese vendido a un curtidor. Viendo que había caído en manos aún peores, el burro rebuznó:

—Habría sido mejor para mí haber pasado hambre con uno o haber trabajado demasiado con el otro que haber sido comprado por mi actual dueño que curtirá mi piel y al que le seré útil incluso después de muerto.

Verdaderamente, ningún cambio de nuestras circunstancias externas nos traerá una paz y una felicidad duraderas. Toda solución llega con su propia serie de problemas que requieren soluciones adicionales. También hay casos en los que nos topamos con problemas que no tienen una solución externa. Podemos encontrarnos en circunstancias sin salida. Algunos lectores quizás conozcan la historia de Victor Frankl, el psiquiatra judío que pasó tres años en campos de concentración durante el Holocausto. Frankl perdió a su esposa, a su hermano y a sus padres en los campos. De un día a otro, nunca sabía si a él también le ejecutarían pronto; pero Frankl se dio cuenta de que, a pesar de todo lo que le quitaban, de las humillaciones y atrocidades a las que le sometían, seguía conservando lo que más tarde llamó "la última de las libertades humanas". Aunque le habían quitado toda la libertad exterior, comprendió que siempre podía conservar o entregar la libertad interior. Al observar desapegadamente todo lo que le sucedía podía seguir siendo libre para elegir cómo responder a ello. Podía elegir que le afectase o que no le afectase. Permaneciendo algo desapegado de su mundo objetivo —viendo que sólo era relativamente real y que su conciencia interior permanecía intacta— fue en cierta medida capaz de mantener el control de sus emociones y prestar sus servicios psiquiátricos a sus compañeros presos. Durante el tiempo que paso en los campos fue un faro de esperanza y de inspiración para los otros prisioneros e incluso tuvo un efecto transformador sobre alguno de los guardianes del campo. Como Victor Frankl descubrió, la única solución real del problema del sufrimiento humano es elevarse sobre la realidad relativa del mundo objetivo.

Amma dice que cuando nuestro vecino tiene un problema somos capaces de consolarle y de aconsejarle con calma; pero cuando nosotros nos encontramos en una situación parecida nos agobiamos. Tenemos que ser capaces de crear la misma clase de distancia entre nosotros y nuestros problemas que la que tenemos con los problemas de nuestros vecinos. El propio proceso de crear esta distancia equivale a cultivar una mayor conciencia.

En realidad nosotros no somos los problemas de nuestras vidas. Tampoco somos el cuerpo, la mente y el intelecto que están experimentando los problemas. Nuestro Verdadero Ser es la Conciencia Pura que en sí misma no experimenta nada, pero que hace que la experiencia sea posible. Esta conciencia testigo es ella misma la realidad absoluta. Tenemos que aprender a identificarnos con la conciencia testigo y convertirnos en testigos del problema en lugar de identificarnos con el problema mismo. Esta clase de conciencia continua nos ayudará a identificarnos con la realidad absoluta y a evitar vernos superados por las pruebas y tribulaciones de la vida sobre la tierra.

Si fuésemos capaces de entrar en el mundo del sueño sin olvidarnos del mundo de la vigilia recordaríamos que todos los seres y todas las cosas que hay en el sueño son nuestra propia creación. Si entonces nos encontrásemos con alguien de nuestro sueño que se negase a creer que hay una persona despierta y un estado de vigilia le aconsejaríamos que se despertara y se diera cuenta de que, de hecho, él es el que está despierto.

Del mismo modo, todavía no somos capaces de aceptar que existe otra realidad más allá de esta y que todo lo que vemos, todo lo que sentimos, todo lo que experimentamos, es nuestra propia creación. Amma comprende esto y quiere que nosotros también lo comprendamos, igual que el que puede entrar en un sueño sin olvidarse de sí mismo.

Recientemente, cuando Amma celebró un programa en *Trivandrum*, casi todos los residentes del *ashram* hicieron el viaje de tres horas para asistir al programa de Amma. La noche anterior al programa Amma salió de repente de su habitación a eso de la una de la madrugada. Fue habitación por habitación del colegio donde todos se alojaban, encendiendo las luces y despertando a todos sus hijos que dormían. De pie en la puerta, Amma les pedía dulcemente a sus hijos que saliesen y trabajaran en el programa a orillas del mar durante una hora o dos. Había que poner miles de sillas para el programa de la tarde siguiente y Amma sabía que con el calor del sol el día siguiente sería un trabajo insoportable. No obligó a nadie sino que dijo que los que se sintieran inspirados podían levantarse a trabajar. Normalmente cuando alguien nos despierta en mitad de la noche no estamos demasiado contentos de verle, especialmente si nos está pidiendo que nos levantemos a cavar zanjas de treinta metros de largo en una playa arenosa. Pero cuando Amma lo hizo todos estaban extasiados. Sabían que sólo lo hacía para evitarles una incomodidad posterior y siguieron con gusto sus instrucciones. Éste es el secreto de Amma. Sus hijos confían enormemente en que lo que Amma les pide que hagan no es en su propio provecho sino en el de ellos. Por eso tantas personas siguen sus pasos. Así ha podido movilizar un ejército de devotos voluntarios. Cuando nos llama para despertarnos de nuestro sueño, sabemos que nos llama a un mundo mejor y más brillante que el que habitamos ahora.

Recientemente trajeron a un bebé de dos semanas al *darshan* de Amma. Tomando al bebé, que estaba dormido, en brazos, Amma se puso a soplarle en la cara. El bebé no reaccionaba. Amma volvió a soplar, y tampoco hubo reacción: el bebé seguía profundamente dormido. Pero Amma no desistió: siguió soplando suavemente en los ojos y la cara del bebé. Por fin, las manos del bebé empezaron a crisparse. Parecía que empezaba a moverse, pero entonces regresó a un sueño profundo y se quedó inmóvil. Amma siguió y los ojos del bebé se abrieron un poco. Todos los que se encontraban alrededor se pusieron a vitorear, alentando los esfuerzos de Amma y animando para que el bebé se despertarse y fuera consciente de ese momento bendito; pero los ojos del bebé se volvieron a cerrar. De todas formas, Amma siguió soplando. Por muchas veces que fracasara, nunca se cansaba. No se rindió. Por fin, el bebé se despertó y miró fijamente los ojos de Amma con los suyos.

Amma está decidida a despertarnos y por mucho que tardemos, por muchas veces empecemos a movernos y recaigamos en un sueño profundo, ella no va a rendirse. ¡Que todos despertemos pronto!

Capítulo 4

Deconstruyendo la atracción

*"El que conquista su alma… todas las demás
almas se sienten atraídas por él".*

—Thiruvalluvar

Hace muchos años, antes de que yo entrara en el *ashram*, una famosa actriz que estaba en la cima de su carrera se presentó cerca del lugar donde me alojaba. Había una multitud de jóvenes a su alrededor esperando una oportunidad para darle la mano, conseguir un autógrafo y hacerse una foto con ella. Décadas más tarde, cuando iba de camino a dirigir un programa, casualmente pasé por otro lugar donde estaba esta actriz. Pero entonces ya era mayor y me di cuenta de que, salvo un par de secretarias pagadas, no había nadie más a su alrededor. Todos los jóvenes rodeaban a otra actriz mucho más joven. La joven actriz resplandecía con toda la atención y adoración que derramaban sobre ella y parecía totalmente inconsciente de que algún día su destino sería el mismo que el de aquella otra que la precedió.

En nuestra vida nos sentimos física o emocionalmente atraídos por muchas cosas, lugares y personas, pero la mayor parte de estas atracciones son de naturaleza temporal. Por ejemplo, podemos sentirnos atraídos por una persona por su apariencia física; pero cuando la belleza física se apaga la atracción también desaparece.

Esto no significa que la tristeza deba vencernos cuando pensamos en el futuro. Por el contrario, podemos recordar y aceptar con dignidad la naturaleza cambiante del mundo. Porque, realmente, sólo cuando aceptamos la naturaleza cambiante del mundo podemos trabajar por alcanzar aquello que no cambia: nuestro Verdadero Ser. No sólo eso: Amma dice que, tanto si reímos como si lloramos, los días pasarán, así que mejor riámonos. Pensando en esto me gustaría compartir un chiste:

En una ocasión una mujer de mediana edad sufrió un ataque al corazón y la llevaron al hospital. Mientras se encontraba en la mesa de operaciones tuvo una experiencia cercana a la muerte. Viendo a la Muerte delante de ella, dijo, tragando saliva:

—¿Me ha llegado la hora?

La muerte contestó:

—En realidad, no. Te quedan otros cuarenta y tres años, dos meses y ocho días de vida.

La mujer estaba tan contenta con la noticia que tras recuperarse de la operación decidió quedarse en el hospital para hacerse cirugía estética en la cara, ponerse inyecciones de Botox y quitarse los michelines. Incluso hizo que fueran a teñirle el pelo y blanquearle los dientes. Como tenía tanto tiempo más de vida, pensó que podría sacarle el mayor partido. Después de su última operación finalmente le dieron de alta en el hospital. Cuando cruzaba la calle de camino a casa una ambulancia la atropelló. Viendo de nuevo a la Muerte ante ella le preguntó:

—Pensaba que habías dicho que tenía otros cuarenta y tres años de vida. ¿Por qué no me apartaste del camino de la ambulancia?

La Muerte contestó:

—Lo siento, no te reconocí.

Por supuesto, la atracción puede no ser sólo física. También podemos sentirnos atraídos por alguien por su personalidad, su talento o su capacidad intelectual. Esta clase de atracción mental puede durar más que la atracción física, pero también es temporal. Cuando dos personas se divorcian por "diferencias irreconciliables" sabemos que el segundo tipo de atracción también se ha apagado.

Una vez, después de que una mujer presentara una demanda de divorcio, su amiga intentaba consolarla. De repente, la primera mujer dijo:

—Sabes, debería haberlo dejado justo después de la luna de miel.

—¿Por qué? —le preguntó su amiga.

—Porque prometió llevarme a las Cataratas del Niágara —le explicó la primera mujer—, pero al final lo único que hizo fue pasar un par de veces despacísimo por un túnel de lavado de coches.

Sin embargo, hay una tercera clase de atracción que no desaparece. Es la atracción por el *Atma* o el Ser Supremo. Ésta es la clase de atracción que sentimos cuando miramos a Amma. La mayoría de nosotros tenemos que trabajar muy duro para conservar la atención de la gente. Hasta un comediante tiene que ser gracioso continuamente o la gente dejará de escucharle y mirará en otra dirección; pero con Amma éste no es el caso. Independientemente de lo que diga o haga, la gente no puede quitarle los ojos de encima.

Durante una de las últimas giras de Amma por el extranjero, al final de un programa de tarde de dharsan, Amma jugaba con un par de juguetes que alguien le había dado. Usaba un tirachinas para lanzar una y otra vez por el aire un muñeco que era un mono. Todos se reían disfrutando al verlo. Si yo hubiese estado haciendo lo mismo, quizás no hubiesen estado tan contentos. Quizás le habrían dicho a Amma que a uno de sus *swamis* le pasaba algo;

pero cuando Amma hacía lo mismo, todos los que la miraban sentían mucha felicidad y alegría.

Aunque esté haciendo algo corriente, todos los que la rodean la miran fascinados. Una mañana, después de dar *darshan* en el *ashram* de *Madurai* durante la gira de 2007 por el Sur de la India, Amma decidió preparar un dulce tradicional de *Kerala* llamado *unniyappam*. Cuando los residentes del *ashram* y los devotos que viajaban con ella se enteraron todos fueron al tejado donde estaba friendo los dulces. Si otra persona fuera a hacer lo mismo, nadie se ofrecería voluntario para ir a verla hacerlo: sin duda se les podría ocurrir otra cosa mejor que hacer; pero durante la siguiente media hora o así, trescientos adultos sólo estuvieron mirando cómo Amma hacía *unniyappam*. Nadie habló mucho, ni Amma ni sus hijos; pero todos la miraban fascinados. Estaban pendientes de cada movimiento de Amma, de cada gesto. ¿Qué era tan fascinante? ¿Por qué estaban todos tan absortos? En la superficie no era más que una mujer friendo dulces. Por supuesto, por la atracción que sentimos por Amma, cualquier objeto que utiliza, cualquier lugar donde está, cualquier acción que realiza se vuelve atractiva; pero, ante todo, ¿por qué nos atrae tanto Amma?

La propia Amma responde esta pregunta: "Cuando vemos una fruta madura siempre parece jugosa y atrayente. Una flor que ha florecido tiene un aspecto muy bonito y atrayente. Igualmente, el que conoce la verdadera naturaleza del Ser es como una flor que se ha abierto completamente o como una fruta completamente madura".

Cada una de las cualidades divinas es como un pétalo de esa flor que se ha abierto por completo. Si preguntáramos a diez personas por qué se sentían atraídas por Amma podríamos recibir diez respuestas distintas. A algunos les atrae la paciencia de Amma, a otros su humildad, a otros su inocencia, a otros su pureza, a otros su compasión y a otros su amor incondicional.

Todavía a otros les atrae Amma por su conocimiento del *Atma* o el Verdadero Ser. *Manase nin svantamayi*, un *bhajan* que Amma canta a menudo, dice: "El Señor atraerá a la almas empapadas de devoción como un imán atrae el hierro".

En el mismo *bhajan* se revela que, de hecho, siempre nos sentimos atraídos por el alma y no por cuerpo que la aloja. Amma canta: "Hasta el enamorado por el que has luchado, sin ni siquiera importarte tu vida, se sentirá aterrado ante la visión de tu cuerpo muerto y no te acompañará en tu viaje de después de la muerte". Cuando el alma ya no está en el cuerpo nuestra atracción por el cuerpo desaparece. De hecho, nuestra atracción natural es por el alma. Sólo amamos el cuerpo por la presencia del alma.

Durante la gira de Norteamérica de 2007, mientras estábamos en el aeropuerto viajando de Seattle al *ashram* de Amma en San Ramón (California), se produjo un incidente. Estábamos en la cola del control de seguridad cuando el oficial de seguridad se acercó a una de las devotas indias que viajaban con nosotros. Mirándola dijo:

—¿Es tu cara la que vi en la parte trasera del autobús en Seattle?

Ligeramente avergonzada le dijo al hombre que ella no era esa mujer, pero que la persona a la que se refería llegaría en unos momentos. Justo entonces entró Amma, que se unió a otra de las colas del control de seguridad, a unos cinco metros de distancia del puesto del guardia. Cuando la devota señaló a Amma al oficial de seguridad, él preguntó inocentemente:

—¿Realmente me abrazaría si se lo pidiera? ¿No pensaría que es un poco raro?

La devota le aseguró que Amma abrazaría a cualquiera que se le acercara, ya que para ella todos son sus hijos. Sin despegar los ojos de Amma, el oficial de seguridad continuó:

—¿Y qué pasaría si simplemente quisiera darle la mano? ¿Le importaría que me acercara a ella un momento y le diese la mano?

De nuevo la devota le dijo que no había ningún problema. Con más seguridad en sí mismo, el oficial de seguridad empezó a avanzar hacia Amma, pero al darse cuenta de que nadie haría su trabajo si dejaba su puesto, al final se resignó a limitarse a mirar a Amma mientras pasaba por el control de seguridad hacia la puerta de embarque.

El oficial de seguridad no podía evitar mirar fijamente a Amma hasta que ya no pudo verla más: estaba fascinado por la presencia de Amma. Y, aunque el hombre se había quedado físicamente detrás cuando Amma pasó por el control de seguridad, su corazón había levantado el vuelo. El único billete que había necesitado era la inocencia.

Aunque la divinidad está presente en todos, el grado en el que esa divinidad se manifiesta se corresponde con la pureza mental del individuo. Como la mente del *mahatma* es absolutamente pura, la divinidad brilla a través de él mucho más brillantemente que a través de una persona corriente. Para explicar esta idea Amma utiliza el ejemplo de una bombilla de pocos vatios frente a una bombilla de diez mil vatios. La electricidad que entra en cada bombilla es la misma, pero una emite más luz que la otra. Del mismo modo, la mente de un *mahatma* es tan pura, tan pacífica, que hasta las mentes de los que se encuentran cerca de él o de ella experimentan esa paz. Es como la teoría de la vibración simpática.

Al relacionar la paz que experimentamos en la mente con el *mahatma*, en nosotros nace una atracción hacia él. Esa atracción es verdaderamente la atracción del *Atma*, de nuestro Verdadero Ser. Por eso los rasgos físicos y otros logros del *mahatma* no son importantes. Un maestro espiritual no hacía nada en particular. Simplemente se sentaba, sin llevar puesto más que un taparrabos, sin hablar mucho, hasta que se hizo muy mayor; pero la gente nunca dejó de ir a verlo porque su mera presencia estaba llena de paz y amor.

Hay una historia sobre el famoso poeta y combatiente por la libertad de la India *Subrahmanya Bharati*. Vivió algún tiempo en *Pondicherry*, donde también vivía un hombre sin hogar que llevaba harapos mugrientos y que siempre cargaba en el hombro un fardo de ropa sucia y basura. Los habitantes de la ciudad no podían soportar la vista de este sin techo y si lo veían venir siempre cruzaban la calle o incluso lo ahuyentaban. Sin embargo, este poeta percibió un peculiar destello en los ojos del hombre y sintió un poder indescriptible que emanaba de su interior. Un día el poeta se acercó al hombre y humildemente le preguntó:

—Aunque todo el mundo aquí parece sentir repulsión por ti, yo no puedo evitar sentir que eres más de lo que se ve. Por favor, ¿puedes decirme quién eres en realidad?

El sin techo echó la cabeza hacia atrás y se rió alegremente. Entonces dijo enigmáticamente:

—Pídeme algo, lo que quieras, y entonces sabrás quien soy.

Pensando que no tenía nada que perder, y muy posiblemente todo que ganar, el poeta le confesó al hombre el deseo más preciado que albergaba en su corazón:

—Más que cualquier otra cosa —le confió— me gustaría ver a la Diosa *Kali* con mis propios ojos.

—Sígueme —asintió el sin techo, que se volvió y comenzó a alejarse.

El poeta, en parte escéptico pero al mismo tiempo sintiendo una creciente ilusión, siguió los pasos del hombre. Éste lo llevó hasta el pozo del pueblo. Allí le dijo al poeta que mirara el agua que había en el fondo.

Sin dudarlo, el poeta siguió sus instrucciones y se quedó paralizado. Allí, en la superficie del agua, en lugar de ver el reflejo de su propia cara vio la imagen de *Kali* en toda su resplandeciente gloria. Finalmente, la imagen se desvaneció y el poeta miró de nuevo al hombre con otros ojos.

—Tu apariencia externa es tan desaliñada y desagradable —confesó el poeta—, pero aún así verdaderamente llevas a los dioses dentro de ti.

—Por fuera estoy sucio —dijo el *mahatma* con calma—, pero por dentro soy puro. Por eso puedo ver a Dios, y también puedo mostrárselo a los demás.

Después de decir esto se rió de nuevo, como si todo fuese un delicioso juego, y siguió su solitario camino.

Amma dice que, lo sepamos o no, alguien siempre nos toma como modelo. (Es aconsejable recordar esto cuando elijamos nuestras palabras y nuestras acciones). Igualmente, tendemos a emular a aquellos por quienes nos sentimos atraídos. Podemos imitar su peinado, su manera de caminar, su estilo de vestir, etc. Esta imitación también puede extenderse a formas de vivir y a decisiones que cambian la vida. Cuando se ve a una persona famosa fumando, la venta de cigarrillos se dispara entre los jóvenes. Cuando se comete un terrible delito, los días siguientes tienden a producirse casos idénticos. Así que, obviamente, puede ser peligroso imitar a los demás.

Un misionero fue por primera vez a un país hispanohablante. Para intentar aprender español acudió a una de las iglesias locales y se sentó en la primera fila. Para no quedar en ridículo decidió escoger a alguien de entre la multitud e imitarlo. Eligió al hombre que estaba sentado a su lado en el primer banco. Cuando el coro cantaba el hombre daba palmadas, así que el misionero también lo hacía. Cuando el hombre se levantaba para rezar el misionero también se levantaba. Cuando el hombre se sentaba el misionero se sentaba. Avanzado el oficio, el hombre que estaba a su lado se volvió a levantar, así que el misionero también se levantó. De repente se hizo el silencio en toda la congregación. Algunas personas emiteron un grito ahogado. El misionero miró a su alrededor y vio que no había nadie más de pie.

Cuando el oficio terminó, el misionero saludó al pastor.

—Veo que no habla español —comentó el pastor.

El misionero respondió:

—No. ¿Es tan evidente?

—Bueno —dijo el pastor—, no lo era hasta que anuncié que la familia Acosta había sido recientemente bendecida con un recién nacido y le pedí al orgulloso padre que por favor se levantase.

Se ha dicho: "Las apariencias engañan tanto como los envases de comida; las personas deberían mostrar claramente sus ingredientes en la etiqueta". Imaginad si todo el mundo llevase una etiqueta que mostrara todos sus ingredientes. Por ejemplo, podría haber un hombre que fuera muy atractivo, pero si pudiésemos leer su etiqueta y ver que contenía sólo un 10% de la cantidad diaria recomendada de bondad y un 200% de la cantidad diaria recomendada de arrogancia, ¿cuántas mujeres le adularían?

Al contrario, después de leer su etiqueta de ingredientes huirían despavoridas. O podría haber una mujer muy guapa, pero al leer su etiqueta podríamos descubrir que contenía tan sólo un 5% de la cantidad diaria recomendada de paciencia y un 250% de envidia. En cambio, la etiqueta de ingredientes de un *mahatma* sería como un complejo multivitamínico de cualidades positivas un con 1000% de la cantidad diaria recomendada de paciencia, amor, bondad, compasión y paz y un 0% de cualidades negativas.

Desgraciadamente esas etiquetas no existen para los seres humanos, así que tenemos que tener criterio cuando nos sintamos atraídos por alguien. Tenemos que ser introspectivos e intentar entender qué clase de atracción estamos experimentando, y tratar de cultivar la clase de atracción que dura y que nos resulta beneficiosa. Obviamente, esto significa sentirnos atraídos por el Verdadero Ser. Cuando nos sentimos atraídos por el Verdadero

Ser por medio de la forma de un *mahatma* toda nuestra vida cambia a mejor. Amma dice: "Hasta una mirada, una palabra o una acción de un *mahatma* nos pueden beneficiar".

Cuando nos sentimos atraídos por un ser humano corriente, a menudo nos volvemos totalmente dependientes de él y perdemos toda la independencia que pudiéramos tener; pero cuando nuestra atracción por un verdadero maestro se nutre adecuadamente, el maestro nos lleva de la dependencia a la independencia total, guiándonos lentamente para que comprendamos nuestra verdadera naturaleza.

Hace muchos años Amma me dio el trabajo de servir comida a los devotos que venían al *ashram* cada día. Amma había pedido que cualquiera que sirviera la comida no comiese hasta que todos los demás hubiesen comido. Cuando todo el mundo había terminado de comer, yo limpiaba el suelo del comedor y entonces era cuando comía. Por el motivo que fuera, este trabajo no me parecía especialmente interesante. Solía preguntarme cuándo me trasladaría Amma a otro departamento.

Entonces, un día Amma entró en el comedor y se puso a servir la comida ella misma, yendo a cada devoto y sirviéndole la comida donde estuviera sentado. Yo iba detrás de ella sirviendo otro plato. Cuando los devotos terminaron de comer, Amma también fregó ella misma el suelo del comedor, a pesar de mis intentos de detenerla. Al día siguiente, cuando estaba sirviendo, me vino a la mente el intenso recuerdo de Amma sirviendo el día anterior y me di cuenta de que mi actitud al realizar el trabajo se había transformado completamente. Recordando que Amma había hecho ese trabajo el día anterior fui capaz de realizar el trabajo con mucho más entusiasmo, sinceridad y amor. Y aunque eso fue hace muchos años, el recuerdo de aquel día permanece tan fuerte dentro de mí que todavía nunca pierdo la ocasión de servirles la comida a los devotos que visitan el *ashram*.

Otra cosa que pasó hace muchos años produjo un impacto igualmente profundo en uno de los *brahmacharis* (discípulos monásticos). Un día, mientras Amma daba *darshan*, se detuvo de repente unos instantes. Parecía tener la atención puesta en otro lugar. Entonces Amma dijo inequívocamente:

—La vaca está llorando.

Me sorprendió oírla decir eso porque en ese momento había personas cantando *bhajans* bien alto y el establo estaba bastante lejos de la cabaña del *darshan*. Además, nadie más había oído el llanto de la vaca; pero Amma se levantó de inmediato, pidiendo a los devotos que quedaban que esperasen su regreso, y se fue andando al establo. Cuando llegó allí vio que aquel día no habían dado de comer ni bañado a la vaca y que el animal estaba cubierto de su propio excremento. Amma llamó al *brahmachari* encargado de cuidar la vaca y le preguntó por qué se encontraba en un estado tan lamentable. El *brahmachari* explicó que esa mañana se había quedado dormido y, como no quería llegar tarde a la meditación, se había saltado sus obligaciones en el establo.

Amma le preguntó:

—¿Cómo te sentirías si alguien se olvidase de darte de comer o si tuvieses que andar todo el día cubierto de suciedad y sin bañarte? Cumplir tu deber con seriedad también es una forma de meditar. De hecho, atender las necesidades de los animales que no hablan, que ni siquiera pueden decir qué quieren o qué necesitan, no es menos importante que la meditación.

Entonces la propia Amma dio de comer y lavó a la vaca. El *brahmachari* trató de intervenir, pero Amma insistió en hacer ella misma el trabajo. Esta experiencia le causó una fuerte impresión al joven, que había sido mimado de pequeño y no estaba acostumbrado a realizar ninguna clase de trabajo manual; pero después de ver a Amma cuidar a la vaca con tanto amor y atención, nunca más se saltó sus obligaciones en el establo.

Antes de irse del establo ese día, Amma también le contó al *brahmachari* la siguiente historia: Había una vez un médico que era muy devoto de la Madre Divina. Un día, durante la meditación, la diosa se apareció delante de él. Mientras disfrutaba de la repentina visión oyó que alguien gritaba en la entrada de su casa. Al escuchar el sonido, se levantó de inmediato y fue corriendo hasta donde estaba el paciente para atenderle. Después de cuidarlo, volvió a su sala de *puja* (culto). Le sorprendió mucho comprobar que la Madre Divina todavía se hallaba en la habitación. Lleno de remordimiento por hacer esperar a la Diosa, se deshizo en disculpas por haberla dejado allí. Ella respondió:

—Has hecho lo correcto. Si no hubieses ido a atender las necesidades de esa persona enferma, yo habría desaparecido de inmediato; pero como antepusiste la felicidad de otra persona a la tuya, me sentí obligada a esperarte aquí. Dios siempre seguirá a una persona que sirve a los demás desinteresadamente.

Ésta es la atracción que finalmente nos llevará para siempre más allá de la realidad objetiva: la atracción de Dios o del *guru* por sus devotos. Durante la gira europea de Amma en 2006, una noche, poco antes del comienzo de un *darshan* de *Devi Bhava*, Amma dijo de repente:

—Mi mente no deja de ser atraída hacia *Amritapuri*. Me siento muy atraída por mis hijos del *ashram*.

No le di mucha importancia al comentario, pero más tarde, cuando el *darshan* hubo terminado, Amma pudo hablar con los residentes del *ashram* utilizando una webcam de un ordenador portátil. Se había instalado una gran pantalla en el *ashram* para que los residentes del *ashram* viesen a Amma, y en la pantalla del ordenador ella también podía ver todas sus caras reunidas delante de la cámara.

Mirando con ternura las caras de sus hijos del *ashram*, Amma dijo:

—Hace unas semanas que no os veo. ¿Cómo estáis todos? ¿Tenéis algo que decirle a Amma?

Al oír las palabras de Amma los residentes del *ashram* gritaron al unísono:

—¡Ammaaaa! ¡Ammaaaa!

Amma repitió inquisitivamente:

—Hijos míos, ¿no tenéis nada que contarle a Amma?

De nuevo gritaron con una sola voz:

—¡Ammaaaa! ¡Ammaaaa!

Al ver la escena comprendí por qué Amma se había sentido tan atraída por sus hijos de *Amritapuri*. La mente de los residentes del *ashram* estaba llena sólo del pensamiento de Amma. Ni siquiera tenían ningún deseo o problema que compartir con ella, sólo un amor desapegado e irresistible. No es que Amma estuviera siendo parcial con ellos. De hecho, ella no podía evitar pensar en ellos. Amma dice que un río no tiene deseos de fluir en una dirección u otra: simplemente fluye. Pero cuando cavas una zanja junto al río, el río fluye naturalmente hacia esa zanja. Del mismo modo, cuando tenemos un deseo tan fuerte de Dios o del *guru*, el *guru* no puede evitar venir a nosotros.

Otra cosa que sucedió en esa misma gira demuestra la fuerza de la atracción que Amma siente por sus devotos. Una vez, después de un *darshan* sumamente largo en Europa, Amma se dirigía a la habitación que tenía en la sala donde se quedaba durante el breve descanso que hay entre los programas de la mañana y de la tarde. Los devotos se colocaban en fila a ambos lados del recorrido y Amma les tocaba la mano y a menudo se detenía para hablar con una u otra persona. Los devotos aprovechaban a su vez esta oportunidad para recibir otro abrazo de Amma. En un momento dado le dije a Amma:

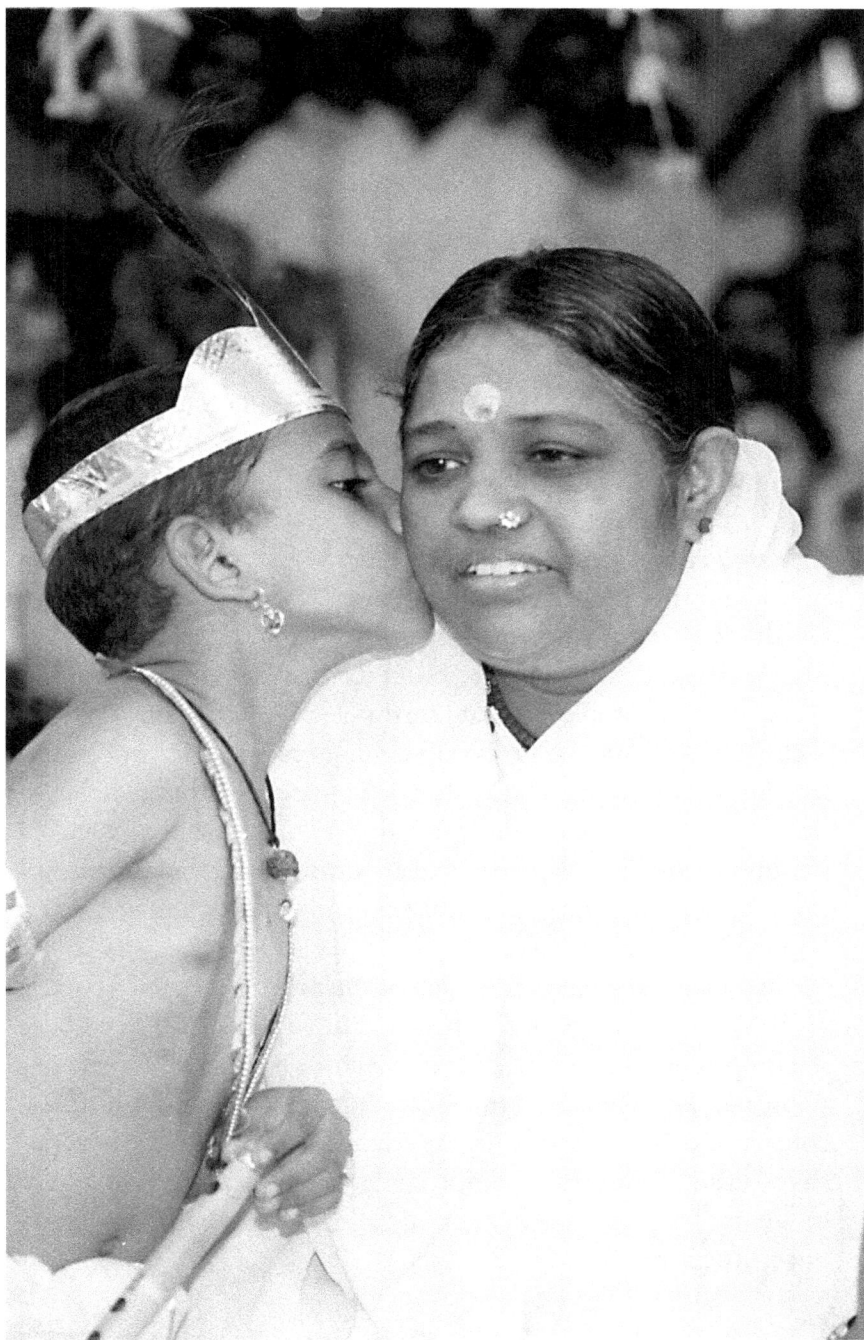

—Estas personas ya han recibido *darshan* hoy y podrán verte de nuevo en un par de horas… podrías aprovechar este rato para descansar un poco.

Amma contestó:

—Nada me hace más feliz que estar con mis hijos. ¿Para qué más crees que estoy aquí?

En cualquier relación ambas partes tienen que sentirse atraídas entre sí. Cultivemos, por tanto, primero nuestra atracción por Amma e intentemos después resultarle más atractivos a ella. Y esto no lo hacemos poniéndonos más maquillaje o llevando ropa cara, sino cultivando cualidades positivas como la bondad, la compasión y una actitud desinteresada.

Hace algunos años, un joven de *Rameswaram* (en la costa este de *Tamil Nadu*) vino a *Amritapuri* para ver a Amma por primera vez. Llegó después de que ella hubiera acabado de dar *darshan* ese día y, como no quería comer antes de verla, ayunó todo el día. Al día siguiente pudo recibir el *darshan* de Amma y cuando ella lo abrazó rompió a llorar. Amma le preguntó qué le pasaba y él le explicó que en su aldea la gente era muy pobre y sufría mucho. Prosiguió diciendo que quería hacer algo para aliviar su dolor, pero que no sabía qué podía hacer. Dijo que por eso había perdido el apetito y la capacidad de dormir adecuadamente. El joven le pidió entonces a Amma con sinceridad que bendijera a las personas de su pueblo.

Amma estaba tan conmovida por su actitud compasiva que le aseguró que haría algo por las personas de su pueblo. Poco después se comprometió a construir ciento ocho casas para las personas pobres de ese pueblo, organizó campamentos médicos gratuitos, construyó una clínica quirúrgica y ayudó a los estudiantes a pagar sus estudios. Más tarde, cuando las casas estuvieron terminadas y los demás programas se habían iniciado, también visitó el pueblo por primera vez.

El joven que había ido a pedirle ayuda a Amma se había involucrado mucho en los proyectos del lugar y, más tarde, después del *tsunami* asiático de 2004, Amma le pidió que fuese a *Sri Lanka* para ayudar a supervisar la construcción por el *ashram* de nuevas casas para las víctimas del *tsunami*. Era un trabajo difícil y peligroso. En un momento dado incluso se vio rodeado de hombres armados que amenazaban su vida. Después de trabajar allí durante algún tiempo, regresó a la India y se casó; pero todavía quedaba trabajo que hacer en *Sri Lanka*, y dos semanas después de su boda le preguntó a Amma si podía regresar a las obras. Amma le dijo:

—¿Estás seguro? Después de todo acabas de casarte.

El joven le dijo a Amma que, sabiendo que quedaba tanto que hacer hasta que las víctimas del *tsunami* pudiesen poner de nuevo en orden sus vidas, no podía quedarse tranquilo. Antes de marcharse, el joven le pidió a Amma *prasad*.[3] Cuando Amma se lo dio, le preguntó:

—¿Por qué me pides *prasad*? Tú mismo eres el *prasad* de Amma.

Aunque lo dijo como de pasada, de hecho era una afirmación muy profunda. Cuando le ofrecemos algo a Dios con todo nuestro corazón, queda consagrado y se nos devuelve como *prasad*. Este joven le había ofrecido su vida a Amma y ella se la había devuelto como una bendición para el mundo.

Un día un niño pequeño estaba sentado en el regazo de su madre, mirándola a los ojos; pero entonces un destello de duda cruzó sus ojos y su madre, como estaba sintonizada con el corazón de su hijo, se dio cuenta inmediatamente.

—¿Qué pasa, hijo mío?

---

[3] Ofrenda o regalo bendecido procedente de una persona santa o de un templo, a menudo en forma de comida.

El chico mencionó nerviosamente la mano derecha de su madre, que tenía terribles cicatrices: le faltaba un dedo y tenía otros dos pegados.

—Aunque seas tan guapa, madre, no puedo soportar mirarte la mano. ¡Es tan desagradable...! Si la miro una vez, ya nunca quiero volver a mirarla.

Su madre no se inmutó.

—Antes de que nacieras, la casa de nuestro vecino se incendió —le explicó—. Estaban fuera, trabajando, pero pude escuchar el llanto de su hija pequeña dentro. Sin dudarlo, entré corriendo en la casa en llamas y de alguna forma conseguí salir con el bebé. Al hacerlo, me quemé la mano derecha. Así fue como mi mano se quedó así.

Al oír las palabras de su madre, el niño tomó la mano herida de su madre y la besó cuidadosamente.

—Madre, ésta es la mano más bonita del mundo.

El paso de nuestra buena apariencia juvenil sólo es cuestión de tiempo, e incluso antes de eso nuestra belleza física puede deteriorarse por una lesión o una enfermedad. En lugar de deprimirnos rumiando lo inevitable podemos cultivar una mente bella. Cuando practicamos el amor, la compasión, la bondad y la paciencia crece en nosotros una belleza interior que nunca se apaga.

Capítulo 5

La clave de la felicidad

"Siempre estaba dando, así que la gente me llamaba 'la Madre'".

—Amma

"Quiero compartir con vosotros lo que he aprendido (en el ashram de Amma): Dar. Seguir dando… No hay mensaje mayor que el dar de Amma a todas las personas de esta región, y de Kerala, y de la India, y del mundo".

—Dr. A.P.J. Abdul Kalam, ex presidente de la India.

Una vez una mujer le explicaba a su amiga el secreto de su largo y tranquilo matrimonio.

—Mi marido y yo sacamos tiempo para ir dos veces por semana a un restaurante —dijo—. Una pequeña cena a la luz de las velas, música suave y un lento paseo hasta casa.

—¡Oh! —exclamó su amiga—. Es maravilloso; pero, ¿sabes?, en todos estos años nunca os he visto salir a los dos juntos.

—Bueno, no podías —le explicó la primera mujer—. Él sale los martes y yo los viernes.

De este modo, algunos piensan que la clave de la felicidad consiste en evitar los problemas. Incluso en la India, considerada por muchos el corazón espiritual del mundo, existe una antigua filosofía llamada Charvaka según la cual no hay *Atma*, no hay

Dios, no hay *Brahman*[4]; cuando el cuerpo muere se convierte en un montón de ceniza y dejamos de existir.

Por eso, los *Charvakas* dicen: "Gana dinero, come bien y sé feliz. Si no tienes suficiente dinero para disfrutar de la vida, pídelo prestado y bebe *ghee*.[5] Después de todo, ¿quién sabe cuándo vas a morir?"

Recientemente los científicos han empezado a afirmar que la felicidad es genética, que llevamos incorporado un termostato de la felicidad que está predeterminado por nuestros genes heredados. Los científicos dicen que podemos aumentar nuestro nivel determinado de felicidad hasta un veinticinco por ciento llenando nuestra vida de una dieta regular de placeres sencillos, no muy diferentes de los que ofrecían los *Charvakas*.

Sin embargo, esta teoría tiene algunos defectos obvios. ¿Qué pasa con los que no pueden permitirse llenar sus días de bienestar material y, aunque quisiesen, no podrían pedir dinero prestado? E incluso para los que pueden, la felicidad lograda está limitada necesariamente tanto en tiempo como en magnitud. El cuerpo envejecerá y se pondrá enfermo, e incluso antes de eso puede herirse. Si nuestro cuerpo resulta dañado, nuestra capacidad de disfrutar de los placeres sensoriales se reduce aún más. Entonces está claro que merece la pena estudiar lo que los *rishis* del *Sanatana Dharma* —que miraban más allá del cuerpo, la mente y el intelecto para descubrir la verdadera fuente de la paz y de la dicha— tienen que decir sobre el arte y la ciencia de la felicidad.

Según las escrituras indias, en realidad hay tres niveles de felicidad: *priya, moda* y *pramoda. Priya* es la clase de felicidad que se

---

[4] La Verdad Última más allá de cualquier atributo. El substrato omnisciente, omnipotente y omnipresente del universo.

[5] Tradicionalmente, el *ghee* (mantequilla clarificada) era un producto de lujo muy caro que se utilizaba para dar sabor a los platos. Beber *ghee* se convirtió, por eso, en sinónimo de llevar una vida lujosa y llena de placeres.

debe a la percepción de un objeto deseado. Cuando lo poseemos, aumenta la felicidad, y a esto se le llama *moda*. La felicidad que se produce cuando disfrutamos realmente del objeto es todavía más intensa, y se llama *pramoda*.

Por ejemplo, supongamos que vemos a alguien tomándose un café expreso con leche cremosa y vainilla. Al pensar en la sabrosa bebida experimentamos una especie de felicidad excitada: *priya*. Cuando pedimos uno y está en nuestras manos, sentimos un nivel más alto de felicidad: *moda*. Pero la mayor felicidad posible en este caso —*pramoda*— se produce cuando nos lo tomamos.

Cuando pensamos por qué la intensidad de la felicidad aumenta de esta manera, es bastante revelador. Las escrituras dicen que cuando disfrutamos de un objeto deseado se elimina la agitación mental causada por el deseo. Esta agitación —o el propio deseo— es lo que nos impide experimentar la dicha constante de nuestra verdadera naturaleza.

Desde otro punto de vista podemos decir que lo que está sucediendo es una especie de olvido: el deseo se olvida momentáneamente y nuestra mente se queda en silencio. Cuando la mente está en silencio, refleja más claramente la dicha del *Atma*.

El mismo fenómeno se da, en su plena medida, en el elevado estado del *samadhi*. En todos estos estados el sentimiento de dicha se debe a la pérdida de conciencia de nuestro ego y del sentido del yo como un individuo limitado. Los pensamientos, los deseos, las ideas de "yo" y "mío", todos estos son como nubes que ocultan la luz del sol: nuestro Verdadero Ser, el *Atma*, que tiene la naturaleza de la dicha infinita. Igual que el sol brilla mucho más en un cielo azul y claro, cuando nuestra mente está vacía de pensamientos y deseos sólo queda la dicha de nuestro Verdadero Ser. La felicidad no es inherente a los objetos externos, sino que procede del interior.

Por tanto, vemos que nuestra felicidad —incluso los que consideramos los placeres sencillos de la vida— no está en último extremo relacionada con los objetivos que perseguimos con tanta desesperación. Por el contrario, es directamente proporcional a cuánto nos olvidamos de nuestro ser limitado en el disfrute de esos objetos.

Una *mahatma* como Amma no necesita ninguna técnica para lograr la felicidad —que es su misma naturaleza—, sino que da ejemplo para que los demás lo imitemos. Uno de los ejemplos más llamativos de este fenómeno fue la visita de Amma en 2004 a la ciudad de *Mangalore*, en *Karnataka*. En aquel momento el tamaño de la muchedumbre no tenía precedentes: casi cien mil personas, todos ellas esperando recibir el abrazo de Amma. Amma llegó al estrado para el *satsang*[6] y los *bhajans* a las siete de la tarde y empezó a dar *darshan* a las nueve y media de la noche. No se movió de su sitio hasta las cuatro y media de la tarde del día siguiente: dio *darshan* sin parar, a un ritmo de vértigo, durante más de diecinueve horas. Todos los que tuvieron la paciencia de esperar recibieron ese día el *darshan* de Amma.

Pero para mí el hecho más destacado del día no fue la cantidad de personas que Amma abrazó o la larga duración. Fue cómo se comportó después. Tras una sesión maratoniana como aquella se esperaría que alguien se tomara una semana de vacaciones; pero lo cierto es que ella no se tomó ni un sólo día libre; de hecho, Amma nunca se ha tomado un día libre. Como de costumbre, había otro programa previsto para el día siguiente. Desde el estrado, se montó directamente en un coche e hizo el viaje de ocho horas por carretera hasta *Bangalore*, la siguiente parada de su gira.

---

[6] Literalmente, "relación con la Verdad". La forma más elevada de *satsang* es el *samadhi* o la absorción total en lo Absoluto. *Satsang* también puede significar estar en la presencia de un maestro espiritual, la relación con otros buscadores espirituales, la lectura de libros espirituales o escuchar un discurso sobre espiritualidad.

Yo me había marchado antes al *ashram* de Amma de *Bangalore* para ayudar con los preparativos del programa. De camino a *Bangalore* algunos de los otros *swamis* me llamaron para decirme que el *darshan* había terminado muy tarde. Pensando en eso, me pidieron que me asegurase de que Amma no sería obstaculizada por la multitud mientras fuera andando del coche a su habitación.

Sin embargo, como había un programa previsto para el día siguiente, ya había unos pocos cientos de voluntarios en los terrenos del *ashram*. Poco después de la llegada de Amma hice todo lo que pude para despejar la zona que rodeaba la habitación de Amma, pidiendo a los voluntarios que se quedasen detrás de una verja a cierta distancia. Pensé que Amma no los vería desde allí.

De este modo, cuando Amma bajó del coche había muy poca gente para recibirla: yo mismo y unos cuantos *brahmacharis*. Estábamos a punto de llevar a Amma a su habitación, que se encontraba justo al lado de donde se había bajado del coche, cuando nos quedó claro que ella tenía sus propios planes. Alejándose de la escalera que conducía a su cuarto, Amma rodeó el coche hacia la verja donde los devotos se habían congregado. Como ella no había visto todavía a nadie seguí tratando de convencer a Amma de que se fuera directamente a su habitación. Sin mirarme directamente, Amma preguntó en voz alta: "¿Por qué no hay nadie más aquí? ¿Dónde están los devotos?"

Para entonces los devotos habían visto a Amma y habían empezado a llamarla. Con aquello terminó el engaño: cómo agua manando a borbotones de una presa se deslizaron alrededor, por debajo, por encima y a través de la puerta y fueron corriendo hacia Amma. Ella no los rehuyó. Sólo cuando hubo dado *prasad* a todas y cada una de las personas que se encontraban allí Amma consintió finalmente en irse a su habitación.

Detengámonos a preguntarnos: ¿habríamos hecho lo mismo? Imaginemos por un momento que, de alguna forma, hubiéramos hecho acopio de la fuerza necesaria para abrazar a tantas decenas de miles de personas (dejando a un lado el hecho de que nadie más que Amma lo ha hecho en la historia documentada). ¿No aprovecharíamos la primera ocasión disponible para estirarnos todo el tiempo posible?

Podemos recordar alguna ocasión en la que nos hayamos forzado hasta nuestros límites físicos. En ese momento, incluso mientras trabajamos, pensamos algo así: "Después de que todo esto termine voy a dormir una semana". En otras palabras, incluso mientras servimos a otros nos mantenemos motivados por la promesa de un placer futuro para nosotros. Así que no puede llamarse algo puramente desinteresado. Pero Amma es completamente diferente. Recientemente un periodista le preguntó:

—Usted ha hecho muchísimo tanto en el campo espiritual como en el humanitario. ¿Qué es lo que piensa de sus logros?

—Siempre pienso que no hago lo suficiente por mis hijos —dijo Amma encogiéndose de hombros—. Eso es lo que pienso.

Las personas realmente humildes no se sienten menos que los demás; simplemente piensan menos en sí mismas.

En una ocasión un profesor de filosofía se presentó ante su clase con algunos objetos inusuales extendidos sobre su mesa. Cuando la clase empezó, sin decir palabra agarró una gran jarra vacía y se puso a llenarla de piedras. Cuando las piedras llegaron al borde de la jarra, el profesor les preguntó a los estudiantes si la jarra estaba llena. Estuvieron de acuerdo en que sí que lo estaba.

Entonces el profesor tomó una caja con guijarros más pequeños y los echó dentro de la jarra. Los guijarros, por supuesto, se colaron por los espacios vacíos que había entre las piedras. Después les preguntó de nuevo a los estudiantes si la jarra estaba llena. Todos estuvieron de acuerdo en que lo estaba.

Entonces el profesor agarró una caja llena de arena y también la echó dentro de la jarra. La arena se coló entre las grietas que había entre los guijarros y las piedras más grandes.

—¿Ahora está llena la jarra? —dijo el profesor.

Esta vez los estudiantes se quedaron en silencio, seguros de que el profesor les tenía preparado algo más. Y así fue: sacó una botella de agua de detrás del escritorio y la echó en la jarra aparentemente llena.

Del mismo modo, siempre pensamos de entrada que hemos hecho suficiente. Incluso si hacemos una o dos buenas acciones al día nos sentimos justificados para tomarnos el resto del día libre o decimos que ya no tenemos más tiempo o energía que dar. Pero Amma es capaz de mirar la jarra aparentemente llena y encontrar un poco más de espacio. En su propio programa, aparentemente lleno, siempre encuentra tiempo para un acto más de compasión. En un *ashram* a rebosar, siempre encuentra sitio para otro hijo querido. Antes aún de concluir un enorme proyecto benéfico, inicia dos más. En *Gujarat*, después del terremoto de 2001, ninguna organización quería ocuparse de la reconstrucción y rehabilitación de las aldeas más grandes. Aunque Amma ya había iniciado su proyecto de viviendas a escala nacional y el *ashram* no tenía realmente fondos sin asignar, accedió a ocuparse de tres de las aldeas más grandes, construyendo finalmente más de mil doscientos hogares.

Del mismo modo, después del *tsunami* asiático de 2004, Amma ofreció inmediatamente reconstruir todas las casas destruidas por el desastre en *Kerala*. Y en 2007, cuando habían fracasado todos los esfuerzos para cambiar la situación de los suicidios de agricultores en *Maharashtra*, *Kerala* y otros estados, Amma presentó un enorme y polivalente plan de auxilio.

El único deseo de Amma es ver felices a sus hijos; pero conoce muy bien la diferencia entre la felicidad temporal y la permanente y sabe que la clave para lograr esta última radica en la identificación de uno mismo con el todo, no en buscar sólo el bienestar personal.

Uno de los *brahmacharis* que representa a la organización de Amma en el extranjero cuenta una bonita historia sobre el poder del amor desinteresado. Hay un devoto de Amma que sufre una parálisis cerebral grave y, por eso, pasa sus días en una silla de ruedas. Curiosamente, sin embargo, siempre está sonriendo. Pero lo que el *brahmachari* encontró aún más sorprendente fue que, antes de la visita de Amma a su país, el devoto empezó a asistir a todas las reuniones de voluntarios para el programa, aunque él no pueda realizar ningún trabajo físico y ni siquiera hablar de forma inteligible. Durante la visita de Amma, se acercó a ella con una pregunta. Como el *brahmachari* siempre había sentido lástima por él, estaba seguro de que sería algún tipo de petición de curación o alguna otra cosa relacionada con su estado físico. Cuando el joven formuló su pregunta, el *brahmachari* ni siquiera pudo entender lo que trataba de decir; pero cuando la persona que le atendía la repitió de forma comprensible, el *brahmachari* se sintió profundamente emocionado. Su pregunta a Amma fue:

—*Querida Amma, este país es uno de los más prósperos materialmente del mundo; pero espiritualmente siento que es uno de los más empobrecidos. Amo a mi país, así que ¿qué puedo hacer para elevar a mi país espiritualmente y aumentar su riqueza espiritual?*

Amma miró intensamente al joven a los ojos con una expresión de amor como la de una madre orgullosa cuando su hijo se gradúa el primero de la clase. Con los ojos llorosos, respondió:

—Hijo, esto demuestra tu propia riqueza espiritual. Con personas como tú en este país ciertamente hay esperanza para el futuro, así que no te preocupes. Tu corazón inocente y el ejemplo

que estás dando es suficiente para inspirar a otros en la dirección correcta.

Cuando el devoto se hubo marchado, Amma se volvió hacia el *brahmachari* y le dijo:

—¿Entiendes ahora por qué siempre está feliz? Podría haberle pedido a Amma su propia curación física, pero por su amor desinteresado pidió en cambio la curación espiritual de todo su país. Ese amor desinteresado es la clave de la felicidad.

Una vez un alumno salió de paseo con su profesor. Durante el trayecto vieron un par de zapatos viejos junto al camino. Mirando hacia el arrozal cercano vieron a un pobre trabajador que debía de haberse quitado los zapatos para caminar por el pantano. Era tarde y a juzgar por su aspecto derrengado y agotado probablemente llevara mucho tiempo trabajando.

Volviéndose hacia el profesor con una mirada traviesa en los ojos, el alumno le propuso:

—¿Por qué no le gastamos una broma? Escondámosle los zapatos y ocultémonos detrás de esa hilera de altas hierbas. Estoy deseando verle la cara cuando no pueda encontrarlos.

—No me parece bien, chico —le reprendió el profesor—. Después de todo, nunca debemos divertirnos a expensas de los pobres. Pero tú eres rico y puedes darte un placer mucho mayor gracias a este pobre hombre. Deja un billete de cien dólares en cada zapato y después podemos escondernos y ver cómo le afecta el hallazgo.

Pensando que había llegado a un acuerdo ventajoso, el alumno estuvo de acuerdo y siguió las instrucciones del profesor.

El trabajador terminó pronto su faena y salió con dificultad del arrozal al camino donde había dejado los zapatos. Empezó a ponerse el zapato derecho, pero, al sentir algo desconocido, se detuvo de repente para sacar el objeto extraño. Cuando vio lo que era, su cara se llenó de estupefacción y asombro. Miró el billete, lo sostuvo frente a la luz, le dio la vuelta y le volvió a dar la vuelta.

Mirando a su alrededor, no vio a nadie en ninguna dirección. Finalmente, encogiéndose de hombros, se metió el billete en el bolsillo y procedió a ponerse el otro zapato. Al encontrar el segundo billete de cien dólares, su sorpresa fue doble.

Vencido por la emoción, cayó de rodillas, miró hacia el cielo y dio las gracias en voz alta y con fervor. Habló de su esposa enferma e indefensa, de sus hijos que no habían tenido una comida decente durante una semana. Y le dio las gracias a Dios por el milagro del dinero en sus zapatos.

Cuando el trabajador se hubo marchado, el profesor y el alumno salieron de su escondite. El alumno se quedó clavado en el sitio, con los ojos llenos de lágrimas.

—Ahora —dijo el profesor—, ¿no te sientes mucho más feliz que si le hubieras gastado la broma como pretendías?

El joven respondió:

—Me ha enseñado una lección que nunca olvidaré. Dar es una bendición mucho mayor que recibir.

—La felicidad es como un perfume —comentó el profesor—. No podemos ponérselo a nadie sin recibir unas cuantas gotas.

Hace poco leí la historia de tres hermanos que se fueron juntos a hacer paracaidismo. Mientras estaban en caída libre, sus paracaídas se enredaron y parecía que estaban perdidos; pero uno de ellos tuvo una idea. Para salvar a los otros dos, se quitó su propio paracaídas y cayó en picado hasta morir, permitiendo que los otros dos hermanos sobrevivieran.

Su ejemplo de sacrificio fue tan asombroso que el mundo entero se hizo eco del incidente, que fue recogido por los medios de comunicación internacionales.

De hecho, Amma se sacrifica en silencio todos los días. No por dos personas, sino por millones de personas de todo el planeta, e incluso por completos desconocidos con los que nunca antes se ha encontrado. ¿Y qué recibe a cambio? Cuanto más se observa la vida de Amma, más claramente se puede ver lo poco que descansa, come o duerme. Eso no es un secreto. El verdadero secreto, que sólo Amma conoce, es cómo ha mantenido su cuerpo durante los últimos treinta y seis años a pesar de una vida tan extenuante de sacrificio.

En la "Guía para la forma de vida del *Bodhisattva*", el escritor budista *Shantideva* dice:

"Si doy esto, ¿qué me quedará a mí para disfrutar?"
Esta es la forma de pensar de los demonios.
"Si disfruto de esto, ¿qué me quedará para dar?"
Este pensamiento desinteresado es
una cualidad de los dioses.

Amma dice: "Sólo cuando miramos a los demás con compasión puede decirse que estamos mirando en nuestro interior. La semilla divina de la espiritualidad sólo germinará cuando se riegue con la compasión".

Hay una historia de la vida del gran sabio *Ramanuja* que ilustra esta idea. Al comenzar su vida espiritual, antes de que *Ramanuja* fuese iniciado en un *mantra* por su *guru Thirukottiyur Nambi*, el joven fue rechazado en diecisiete ocasiones. Cada vez tuvo que recorrer a pie una distancia de más de ciento cincuenta kilómetros. Finalmente *Nambi* aceptó iniciarle, pero sólo bajo unas determinadas condiciones. *Nambi* le dijo a *Ramanuja* que el *mantra* llevaría a todo el que lo recitase al reino celestial del Señor *Vishnu*. Sin embargo, si *Ramanuja* lo compartía con alguien más, él iría al infierno.

Ramanuja aceptó las condiciones y recibió la iniciación al *mantra*. Pero en ese mismo viaje, antes incluso de que *Ramanuja* hubiese llegado a su casa, llamó a todas las personas de su pueblo para que se reuniesen delante del templo. Cuando todos estuvieron reunidos, *Ramanuja* se subió a la torre del templo y gritó el *mantra* sagrado con todas sus fuerzas. Anunció que había recibido este *mantra* de su inigualable *guru* Thirukottiyur *Nambi* con la garantía de alcanzar la morada de *Vishnu* y los animó a todos para que recitaran el *mantra* con total entrega.

Nambi se enfadó mucho cuando se enteró de lo sucedido. Fue corriendo adonde estaba *Ramanuja* y le preguntó por qué había compartido el *mantra*. *Ramanuja* le contestó que si ir al infierno suponía que miles irían al cielo, no sería más que un pequeño sacrificio por su parte que se sentía feliz de poder hacer. Esta respuesta profundamente humana le conmovió tanto a *Nambi* que le dijo a su discípulo:

—*Ramanuja*, con este acto de compasión me has superado incluso a mí.

Hay una historia en la epopeya del *Mahabharata* que ilustra el verdadero poder del sacrificio. Hacia el final de la epopeya, mucho después de que la guerra de *Mahabharata* hubiese concluido y después de llevar gobernando el país más de tres décadas, los *Pandavas* decidieron abandonar todos los apegos mundanos y emprender el viaje final a las tierras santas del Himalaya. Era un viaje largo y arduo, y en el camino, uno por uno, empezaron a morir. Finalmente, sólo el mayor, *Yudhishthira*, seguía vivo. *Yudhishthira* había pasado toda la vida tratando de ser la encarnación del *dharma* (rectitud). Había luchado por ampliar su corazón y purificar su mente. No había logrado la liberación, pero toda su vida había transcurrido según las enseñanzas de su *guru*.

Finalmente, ¡fijaos!, una carroza descendió del firmamento para acompañar a *Yudhishthira* al cielo. Pero, cuando llegó, se sorprendió al ver que sus hermanos no estaban allí. Inmediatamente preguntó dónde estaban y como respuesta lo llevaron a un oscuro pasillo. Mientras caminaba por él, el entorno empezó a volverse cada vez más oscuro y aterrador. Atravesó lagos de fuego hirviendo y buitres comiendo montones de cadáveres. Pensando que debía de ser alguna cruel broma —ciertamente sus hermanos no podían haber acabado en un lugar tan horrible— *Yudhishthira* decidió dar la vuelta. Pero, en cuanto se volvió, oyó las voces desencarnadas de sus hermanos llamándole, pidiéndole que no se marchara.

—¡No te vayas! —decían—. Tu presencia aquí es como una brisa fresca que, al menos, nos alivia un poco de alivio de esta existencia torturada.

En ese momento *Yudhishthira* dijo:

—Si mis hermanos están en el infierno no me interesa el cielo. Si mi presencia les reconforta lo más mínimo, ¿cómo puedo pensar en marcharme? Me niego a irme sin ellos.

En cuanto *Yudhishthira* pronunció estas palabras, su entorno cambió completamente: se encontró de vuelta en el cielo, rodeado de sus hermanos. De hecho, su viaje al infierno había sido un teatro montado para provocar la ampliación final de la compasión de *Yudhishthira*. En su disposición a renunciar a su propia comodidad y placer por el bien de otros, *Yudhishthira* encontró el cielo. El verdadero cielo. No una ciudad de oro en las alturas, entre las nubes, sino el cielo eterno de un corazón compasivo.

Capítulo 6

De apoyarse a aprender

"Durante mucho tiempo me pareció que la vida estaba a punto de comenzar; la verdadera vida. Pero siempre había algún obstáculo en el camino, algo por lo que había que pasar antes, algún negocio inacabado, un plazo que cumplir, una deuda que pagar. Entonces la vida comenzaría. Al final me di cuenta de que estos obstáculos eran mi vida".

—Alfred D'Souza

Una vez un sabio vio a alguien sentado abatido al lado de la carretera. El sabio se detuvo y le preguntó al desalentado individuo qué le preocupaba.

—En la vida no hay nada interesante —suspiró el hombre desde el suelo—. Tengo suficiente dinero para no tener que trabajar y he viajado por todas partes buscando algo más entretenido que la vida que tengo en casa, pero desgraciadamente todavía no lo he encontrado.

El sabio escuchó con paciencia las penas del otro hombre. Cuando terminó, el sabio se levantó de repente sin avisar, le quitó la mochila al viajero y se fue por la carretera corriendo como un conejo. Aunque el hombre se levantó de un salto y corrió detrás de él, el sabio conocía bien la zona y le resultó fácil perderle. Utilizando varios atajos, el sabio estuvo pronto de vuelta en la carretera, muy por delante del hombre al que acababa de robar.

Depositó la mochila a un lado de la carretera y esperó a que el afligido viajero apareciese.

Pronto el hombre triste apareció jadeando y con un aspecto aún más afligido por la pérdida; pero en cuanto vio sus pertenencias junto a la carretera, corrió hacia ellas gritando de alegría.

—Ésa es una forma de crear felicidad— dijo el sabio fríamente.

Todo el mundo quiere maximizar su felicidad y minimizar sus penas. Una reciente investigación del psicólogo de Harvard Daniel Gilbert muestra que todo lo que pensamos, decimos y hacemos es un esfuerzo por aumentar nuestro nivel de felicidad, ahora o en algún momento futuro. Esto puede parecer bastante obvio, pero su investigación también muestra que las personas no son muy buenas prediciendo cómo les harán sentirse determinados acontecimientos. Las metas se alcanzan o no, las posesiones se ganan o se pierden, las relaciones se endulzan o se agrian y, en la mayoría de los casos, no nos sentimos tan felices —o tan tristes— como pensábamos que lo estaríamos. Desde un punto de vista espiritual sabemos que esto se debe a que la felicidad no se encuentra en el exterior, sino en el interior, y que cualquier placer del que disfrutamos en el mundo sólo es un pálido reflejo de la felicidad inherente de nuestro Verdadero Ser.

¿Y qué pasa con la tristeza? Si no nos sentimos tan tristes como pensábamos que lo estaríamos —si el mundo entero no se colapsa cuando nos sucede alguna desgracia, si la vida sigue— entonces quizás la tristeza no sea algo que deba evitarse o de lo que debamos defendernos tan instintiva y ferozmente. Después de todo, ¿nos hemos imaginado alguna vez cómo sería una vida cotidiana sin pruebas o tribulaciones, si todos nuestros deseos se cumpliesen al instante? Sin ningún reto o dificultad en la vida nuestra mente se debilita, nuestros talentos se quedan aletargados y nuestras capacidades se oxidan. Como aspirantes espirituales, en lugar de rehuir las dificultades podemos hacer todo lo que esté en nuestras manos para dar la bienvenida a los retos como oportunidades de reforzar nuestras capacidades mentales, adquirir cualidades positivas y entregarnos a Dios.

De hecho, para la mayor parte de la gente el sufrimiento sólo es un ingrediente inevitable de la vida en la tierra. Sólo tenemos que preguntarles a los millones de personas que viven en la más absoluta miseria y en zonas devastadas por la guerra: nos dirán lo llena de sufrimiento que está la vida. Sólo tenemos que preguntarle a Amma, que ha oído los lamentos de millones de personas de todo el mundo que han acudido a ella en busca de consuelo, guía y gracia.

Muchas personas anhelan una edad dorada en la que todos los seres que hay sobre la tierra sean igual de prósperos. Preguntan: "¿Por qué deben sufrir los seres humanos?"

Hay una bella historia que responde, al menos en parte, esta pregunta. Una vez un príncipe le preguntó a su padre, el rey:

—¿Por qué hay tanta desigualdad en tu reino? Tienes suficiente riqueza en el tesoro del palacio como para hacer que todos sean ricos. ¿Por qué no lo haces? Con tan sólo un trazo de tu bolígrafo podrías borrar el sufrimiento de todo este país.

El rey, que tenía debilidad por su hijo, le concedió el deseo, aunque sabía que el resultado podría ser diferente del que su hijo imaginaba. Ordenó a su tesorero que abriera los cofres del palacio y que enviase a lo largo y ancho del reino el mensaje de que todos los súbditos del rey podían venir y llevarse lo que quisiesen. De esta manera, las riquezas del rey empezaron a fluir como un río fuera del palacio y todos los súbditos del rey vivían en el lujo y nunca sabían que era que les faltara algo.

Algún tiempo después aparecieron grandes goteras en el techo del palacio. Fue durante la estación del monzón, y hasta el dormitorio del príncipe estaba parcialmente sumergido en el agua. El príncipe llamó a sus sirvientes para que le ayudasen a secar la habitación, pero le dijeron que ahora los sirvientes eran ricos, habían dejado sus trabajos y se habían marchado a casa para siempre. Todas las mañanas el príncipe tenía que achicar el agua de su habitación, usando un cubo para tirar el agua por la ventana. Cuando pidió trabajadores para que fuesen a arreglar el tejado del palacio le dijeron que en el reino no quedaba ningún trabajador. Ante la falta de albañiles, carpinteros y artesanos, no sólo el palacio sino todos los edificios del reino estaban deteriorándose y nadie se preocupaba de recoger la basura o barrer las calles durante semanas. Los súbditos empezaron a quejarse al príncipe cada vez que éste salía del palacio. Todo el mundo tenía mucho dinero, pero el dinero había perdido su valor. Nadie necesitaba ganarse la vida, así que nadie sentía deseos de trabajar. En lugar de crear un cielo sobre la tierra el príncipe había sumido el reino entero en una extrema pobreza. Finalmente, el príncipe se vio forzado a suplicar al rey que revocara su orden. El rey volvió a obedecer el deseo del príncipe. Por orden del rey los súbditos devolvieron las riquezas y de nuevo se pusieron a trabajar. De esta forma se restauraron la armonía y la prosperidad del reino.

No es que se nos pida que invitemos al dolor, sino que lo aceptemos como una parte natural e inevitable de la vida. Después de todo, aunque no lo invitemos vendrá a nosotros. Por eso es mejor estar preparados y ser capaces de responder de forma positiva y constructiva.

Un estudiante se durmió con la cabeza sobre el pupitre durante una clase. En castigo, la profesora le pidió al estudiante que corriera por el perímetro del patio de la escuela tres veces. El estudiante corrió obedientemente alrededor del patio tres veces y regresó a clase. Cuando volvió, el estudiante no parecía estar arrepentido, sino fresco y relajado. Furiosa, la profesora le ordenó que hiciera lo mismo antes de clase los dos días siguientes. Esos dos días se pudo ver al estudiante llegando temprano a la escuela y corriendo según las instrucciones de la profesora. Pero el cuarto día la profesora vio que el estudiante seguía corriendo antes de clase. Cuando el estudiante entró en clase, ella le dijo:

—Ya has recibido suficiente castigo. Sólo te pedí que lo hicieses durante tres días. No tienes que seguir.

El estudiante le contestó alegremente:

—¿Sabes? Después de esa primera carrera me sentí muy vivo y pude seguir la clase mucho mejor que antes. Ahora no quiero dejarlo.

Como en la historia, vivir en el mundo puede ser o un proceso de "aprender" o un proceso de "apoyarse"[7]: o aprendemos de todas las experiencias que la vida nos trae o nos apoyamos en las personas y los objetos. La única diferencia[8] es la "R". Esa erre es la Reflexión, el Recuerdo de Dios y la Renuncia que practicamos en la vida cotidiana.

Un periodista le preguntó a Amma:

—¿Hay algún acontecimiento en particular que le haya influido en su infancia?

Amma contestó:

Las lágrimas, el sufrimiento y el dolor de los demás es lo que me ha influido. Los quería consolar y mostrarles amor.

De hecho, la propia Amma nunca se ha visto vencida por el dolor.

Más adelante, en esa misma entrevista, el periodista le pidió a Amma que recordara un momento dichoso de su infancia y le recordó a Amma los días en los que caminaba sola por la playa cantando cantos devocionales a Dios. Pero Amma respondió:

---

[7] En inglés, juego de palabras entre "learning" ("aprender") y "leaning" ("apoyarse"). (N. de la T.)

[8] Entre ambas palabras inglesas. (N. de la T.)

—No recordaba a Dios o cantaba sus nombres por obtener felicidad. Cuando caminaba por la playa, las olas me recordaban el sonido de un *tambura* y cantaba canciones en sintonía con ella. Lo hacía, pero no por obtener felicidad alguna, porque yo siempre estaba feliz. Los sentimientos que expresaba en las canciones eran el reflejo del dolor y la añoranza que sentía en las personas del mundo.

Aunque Amma podía percibir claramente la unidad que llena toda la creación, le conmovía tanto el sufrimiento de los que no podían verlo que tendía la mano para consolarlos. Amma explica: "Cuando veía su sufrimiento me olvidaba de mí misma y de mis propias necesidades. Les enjugaba las lágrimas y los consolaba. Los acostaba sobre mi regazo o apoyaba su cabeza sobre mi hombro. Otros, al verme hacer esto, querían que hiciese lo mismo con ellos. Poco a poco empezó a formarse una cola. Así es como comenzó el *darshan*. La gente venía y lloraba. Y, al compartir su pena, me identificaba con ellos. Si me duele la mano derecha, la mano izquierda automáticamente la acaricia y la cuida; porque considero "mías" ambas manos. Del mismo modo, yo no veía a estas personas como diferentes de mí".

Podemos ver en el ejemplo de Amma que no sólo es posible ser cariñoso y estar en paz en medio de las dificultades personales, sino que a menudo son esos mismos apuros los que nos ayudan a madurar, desarrollarnos y crecer. En sánscrito *tapas* puede significar calor o dolor. Esto muestra que el dolor facilita el calor necesario para nuestro crecimiento, igual que las plantas necesitan el calor del sol para crecer.

Esto fue ciertamente así para una mujer de Turquía después del enorme terremoto que hubo allí. Un periódico citaba sus palabras: "Que Dios libre a mis peores enemigos de un destino como éste". La misma experiencia traumática la ayudó a ampliar su corazón. De repente se encontró rezando por aquellos a los que había considerado sus enemigos. Hay una historia parecida sobre uno de los *brahmacharis* de Amma que fue a la zona de *Gujarat* devastada por el terremoto para reconstruir las aldeas, pero que se puso muy enfermo durante su estancia. Algunos de nosotros lo visitamos en el hospital durante su periodo de recuperación. Cuando entramos en la habitación esperábamos que hablase de su dolor o que nos pidiese algo distinto a la comida de hospital para comer; pero lo primero que dijo fue:

—¿Le ha pasado a alguien lo mismo que a mí?

Le dijimos que no se preocupase por los demás y que se centrara en su propia recuperación. Negando con la cabeza, el *brahmachari* explicó:

—Esta enfermedad es tan insoportable que nadie debería tener que sufrirla.

Amma dice que Dios no nos castiga sino que hay algunas leyes universales que funcionan y gobiernan la creación. Como dice el refrán: "No puedes romper la Ley, sólo puedes romperte contra la Ley". Cada experiencia que la vida nos trae está destinada a guiarnos hacia la verdadera fuente interior de la felicidad. De nosotros depende el aprovechar o no esas oportunidades. Si tratamos de obtener el máximo crecimiento espiritual que podamos de todas las formas de sufrimiento que se presenten en nuestra vida, eso redundará en nuestro beneficio.

En el ejemplo de Amma podemos ver que aceptar todas las situaciones sin cerrar el corazón ni tener miedo es el sello de la verdadera espiritualidad. Amma dice: "Intentemos afrontar los problemas de la vida valientemente, pensando: 'Nada puede derrotarme o esclavizarme. Soy un hijo de Dios'. No tratéis de huir de los problemas de la vida. Eso sólo les dará más fuerza para vencerte. Una persona verdaderamente espiritual no tiene miedo ni a las pérdidas ni a la muerte".

Una vez, dos hombres salieron a beber algo. Uno de los hombres no paraba de beber. Finalmente su amigo le preguntó:

—Oye, ¿por qué estás bebiendo tanto?

Él respondió:

—Estoy tratando de ahogar las penas.

—¿Funciona? —le preguntó su amigo.

—No —le respondió el hombre con cara larga—. Desgraciadamente, mis problemas han aprendido a nadar.

Los retos de la vida nos fuerzan a escoger entre lo que es bueno y lo que es meramente agradable. Lo que agrada a nuestros sentidos nos resulta de poca ayuda en los momentos difíciles. Por supuesto, no todos seríamos capaces de hacer acopio del valor que necesita un bombero para entrar en un edificio en llamas o la fuerza interior que necesita un soldado para luchar en el campo de batalla. Pero todos nosotros podemos aprender de Amma el valor necesario para afrontar los retos que la vida nos trae, aunque a veces ésta nos parezca un infierno abrasador. Todos nosotros podemos aprender de Amma la fuerza que necesitamos para enfrentarnos a enemigos como el miedo, la ira, la envidia y otras cualidades negativas.

Amma dice que las circunstancias son una de las mejores maneras de comprobar nuestro progreso espiritual, porque sacan lo que hay bajo la superficie. En un momento todos nuestros miedos y debilidades pueden quedar al descubierto si las circunstancias son las adecuadas; y también nuestras fortalezas. En ls presencia de Amma se dan muchas oportunidades para descubrir nuestra irritabilidad, nuestra impaciencia y otras cualidades negativas.

Una vez un visitante occidental del *ashram* se acercó a uno de los *brahmacharis* y le contó algunos de los problemas que estaba teniendo. Le dijo:

—Hace un ratito estaba teniendo una meditación estupenda con Amma en el templo. De repente llegó este hombre alto con mucho pelo y se sentó justo delante de mí. Estaba prácticamente sentado en mi regazo y ya ni siquiera podía seguir viendo a Amma. De repente, el objeto de mi meditación cambió. En lo único en lo que podía pensar era en qué sentiría si le diera una paliza a ese tío y lo sacara a rastras del templo agarrándolo por esa pelambrera.

Cuando nuestra vida se llena de dificultades es útil recordar que Dios no está cerrando los ojos ante nuestro sufrimiento, sino abriendo los nuestros a la Verdad. De hecho, nuestra ignorancia y nuestro ego son los que están llegando a su fin por la madurez que adquirimos con estas lecciones de la vida. Quizás Amma piensa en esto cuando dice: "Al final todo el mundo se volverá hacia el interior".

Una vez, una chica le estaba contando a su madre que todo le iba mal en la vida: estaba suspendiendo el álgebra, su novio había cortado con ella y su mejor amiga se iba a trasladar. Mientras la escuchaba su madre estaba horneando un pastel. De repente se detuvo y le preguntó a su hija si le gustaría comer algo. La hija respondió:

—Por supuesto. Nunca puedo resistirme a tu tarta.

—Ten, toma un poco de aceite de cocinar —le ofreció su madre.

—¡Puaj! —exclamó la niña.

—¿Y qué tal unos huevos crudos?

—¡Qué asco, mamá!

—¿Te apetece entonces algo de harina? ¿O quizás bicarbonato de soda?

—¡Mamá, todo eso es asqueroso!

La madre de la niña replicó:

—Exacto, todas esas cosas parecen malas por sí mismas, pero cuando las juntamos de la forma correcta se convierten en una tarta maravillosa.

Del mismo modo a menudo nos preguntamos: "¿Qué he hecho para merecer esto?". O: "¿Por qué Dios tiene que hacerme esto?". Por supuesto, en último término cualquier cosa que nos suceda es el resultado de nuestras acciones pasadas, en esta vida o en una anterior; pero también es cierto que todos los seres están avanzando hacia la liberación final y que las situaciones difíciles y las circunstancias que afrontamos y que constituyen un reto son oportunidades para aprender y crecer. Sin embargo, demasiado a menudo los árboles nos impiden ver el bosque y no podemos ver el bien mayor que se esconde detrás de los acontecimientos y las circunstancias de la vida.

Amma describe la actitud que un buscador espiritual debe tener para afrontar su *karma*. Dice: "A un buscador no le preocupa si su vida es afortunada o desgraciada. Sabe que su *karma* es como una flecha que ya ha salido del arco. Nada puede detenerlo. La flecha puede doler, herirle o incluso matarle, pero a él no le importa. No querrá salir huyendo de su *karma* porque sabe que es un proceso de purificación que está limpiando las manchas que él ha creado en el pasado, en alguna vida anterior. Y, sobre todo, el verdadero buscador siempre tendrá la protección y la gracia del *guru*".

Podemos ver a un trapecista saltando grandes distancias de un trapecio a otro, colgado de los tobillos de otra persona, dando un salto mortal en el aire a gran altura y realizando otras increíbles hazañas, todas con una sonrisa radiante en el rostro. Podemos decir que el trapecista lo hace por dinero, o por fama, o porque sencillamente le encanta la sensación; pero lo que le permite hacerlo con tanta confianza y gracia, sin que el miedo lo paralice, es el conocimiento inquebrantable de que no puede caerse al suelo: hay una red que lo separa de él. Del mismo modo, cuando sabemos que estamos seguros en los brazos de Amma, que ella nunca nos abandonará, ni en la muerte, no tenemos nada que temer y nada que la vida nos traiga nos puede derrotar.

Amma dice que nuestro "refugio" es aquel en el que nuestra mente está constantemente descansando. Puede ser positivo, negativo, interior o exterior. Merece la pena recordar que refugiarse en cualquier cosa distinta de Dios o del *guru* al final sólo nos decepciona y causa sufrimiento.

Hay una estrofa en el *Srimad Bhagavatam*:

Levanta tu morada con los mayores santos,
esos sabios que han dedicado su vida a Dios,

y aprende de su conducta a vivir como debes
para ver sólo Uno en este inmenso universo.

Hace unos años Amma estaba jugando con el bebé de un devoto en la piscina de éste. El bebé estaba fascinado con el chorro de agua que salía de uno de los surtidores que había en el borde de la piscina. De vez en cuando Amma interrumpía el chorro de agua, que se detenía completamente, y el bebé se quedaba confuso. Pero el bebé quitaba la mano de Amma una y otra vez para que el agua siguiera saliendo.

Poco a poco, Amma movió la mano cada vez más arriba por el chorro hasta que llegó al surtidor y el bebé pudo ver de dónde salía realmente el agua. Así, consiguió llevar la atención del bebé desde la corriente de agua hasta la fuente de donde manaba.

Del mismo modo, la manera que tiene Amma de destetarnos de nuestra dependencia del mundo y ayudarnos a refugiarnos finalmente sólo en Dios es la viva imagen de la paciencia, la persistencia y la perseverancia. Igual que el bebé inicialmente estaba tan preocupado por el chorro de agua, nosotros estamos hechizados por la aparente realidad del mundo cambiante que nos rodea, que en realidad no es más que una proyección de la mente. E igual que Amma interrumpía intermitentemente el flujo de agua, Dios de vez en cuando nos priva de los objetos que ansiamos creando confusión y sufrimiento en nuestras vidas. Y justo igual que cuando hacía eso el bebé retiraba la mano de Amma, nosotros también nos resistimos a los incansables esfuerzos de Amma por enseñarnos la verdadera naturaleza del mundo, sin entender que está tratando de salvarnos de nuestro engaño por compasión. Y, así, el sufrimiento de la vida es lo que realmente nos ayuda a reorientar la atención de los objetos del mundo a la fuente interior de toda la felicidad que experimentamos.

Recientemente, un periodista de televisión le preguntó a Amma:

—Cuando piensa en sus humildes comienzos, ¿no se maravilla de lo que han crecido su organización y su número de seguidores en tan poco tiempo?. Amma respondió:

—No me sorprende, porque es de las pequeñas cosas de donde salen las grandes. Por eso no me parece ninguna maravilla.

Y después añadió:

—Que todo el mundo fuera feliz en la tierra: eso sí que sería una maravilla.

Capítulo 7

Tienes un diamante: la espiritualidad es la verdadera riqueza

"Para vivir una vida pura y desinteresada no hay que considerar nada como propio en medio de la abundancia".

—Buddha

Hace poco leí una historia sobre un hombre que ganó cien millones de dólares en una lotería. Cuando recibió el dinero sabía que su vida cambiaría de la noche a la mañana. Lo que no sabía entonces era que los cambios no serían necesariamente a mejor. Antes de ganar la lotería era un hombre de negocios razonablemente próspero y felizmente casado, con nietos adolescentes. Su vida se desbarató tras ganar la importante lotería: le robaron en su casa y también sus vehículos en repetidas ocasiones. Acabó yendo con malas compañías que, en sus propias palabras, le convencieron para hacer cosas que nunca antes habría hecho. Por fin, lo arrestaron por conducir borracho y perdió el carnet de conducir, su esposa lo dejó y su nieta adolescente murió por sobredosis de drogas. Ahora el hombre dice que devolvería con gusto el dinero si pudiera recuperar su antigua vida.

De hecho, cuanto más nos sumergimos en la vida mundana más necesaria es la espiritualidad. Amma dice que en realidad no hay modo de distinguir entre la espiritualidad y la vida mundana. La espiritualidad no es ni más ni menos que la ciencia de una vida bien vivida. Es el manual del usuario del cuerpo, la mente y el intelecto humanos.

La vida es mucho más sutil y compleja de lo que imaginamos. Se necesita una destreza interior especial para poder utilizar adecuadamente todo lo que nos llega, para vivir verdaderamente felices. Sin una comprensión adecuada de cómo vivir y cómo utilizar los objetos del mundo, ¿para qué nos sirven éstos? ¿Cuántas personas supuestamente "de éxito" se esclavizan sin fin para comprar un coche de lujo, sólo para sufrir después un accidente mientras conducen borrachos? Podemos perseguir la riqueza y la comodidad materiales, pero hace falta un maestro espiritual como Amma que nos enseñe la compresión interior sutil de cómo utilizar adecuadamente toda esa riqueza y comodidades. Nuestra incapacidad de comprender la naturaleza del mundo y la fuerza emocional que necesitamos para poner en práctica lo que comprendemos es lo que mantiene fuera de nuestro alcance la paz y la felicidad.

No podemos buscar la felicidad como si viviésemos en el vacío, completamente independientes del resto de la sociedad y del mundo. Esa actitud prescinde de la realidad de la vida, de las leyes de la naturaleza y del universo e incluso de los hechos más sencillos de la ciencia.

Hace poco leí una historia que ilustra esta idea. El coste medio de rehabilitar una foca después de un determinado vertido de petróleo era de ochenta mil dólares. En una ceremonia especial se devolvió a su medio a dos de esos animales entre gritos y aplausos de los asistentes. Un minuto después ambas focas fueron devoradas por orcas. Todo el mundo estaba horrorizado y decepcionado, pensando que todos sus esfuerzos habían sido en vano. Pero, ¿lo que nos interesa no es conservar el ecosistema entero? ¿Y no forma parte la orca también del ecosistema? Como el resultado neto fue bueno para el medio ambiente, nadie puede decir que lo que sucedió fuera malo, aunque ciertamente no era lo que todos querían o esperaban. Así que estaban desolados.

Aunque los esfuerzos de los que participaron en este proyecto fueron ciertamente loables, podemos ver que su deseo de que las focas sobrevivieran hizo que se olvidaran de la realidad de la vida salvaje y que tuvieran que llevarse una desilusión. De este modo, hasta cuando hacemos algo por una buena causa, a menudo descubrimos que nos estamos apegando mucho inconscientemente al resultado. Cuando las cosas no se desarrollan según nuestras expectativas podemos perder el entusiasmo de perseverar en nuestros esfuerzos por ayudar a los demás y lograr que el mundo sea mejor. Al final, no es el bien general sino normalmente nuestras propias expectativas y deseos los que determinan nuestra reacción ante las situaciones.

Hay una historia de la vida temprana del gran santo *Tulsidas* que muestra cómo el deseo y el apego pueden cegarnos. Un día, estando *Tulsidas* fuera de casa, su esposa recibió un mensaje urgente de los padres de ella en que le pedían que fuese a su casa, que estaba en una aldea al otro lado del Ganges. Cuando *Tulsidas* regresó a su casa y vio que su esposa no estaba, se inquietó. Quería estar con ella en ese mismo momento y decidió ir a verla enseguida. Llovía mucho y el Ganges estaba crecido. Aunque no podía nadar ni encontrar un bote, no se desanimó.

Viendo un cadáver que flotaba río abajo, se aferró a él sin dudarlo y lo utilizó para cruzar el río. Cuando llegó a la casa de los padres de su esposa ya era muy tarde y la casa estaba cerrada con llave. Como no quería esperar hasta el amanecer trepó a hurtadillas por la pared y se subió al tejado. Desde allí agarró lo que pensaba que era una cuerda y trató de descolgarse hasta la ventana del cuarto de ella; pero la cuerda resultó ser una serpiente que huyó deslizándose en cuanto la agarró. En consecuencia, *Tulsidas* se cayó al suelo de la habitación de su esposa. Tenía la camisa rota, estaba empapado y su cuerpo estaba cubierto del hedor del cadáver. Al no reconocerlo, su esposa gritó:

—¡Un ladrón!

Tulsidas trató de tranquilizarla diciendo:

—No soy un ladrón cualquiera, sino el ladrón de tu corazón.

Su esposa siguió sin convencerse.

—¿Estás tan apegado a una mujer que no puedes soportar dejarla ni siquiera una noche? Si tuvieses la mitad de ese apego al Señor *Rama* hace mucho que habrías llegado a él.

Al oír estas palabras *Tulsidas* experimentó una completa transformación. Dedicó el resto de su vida a la contemplación del Señor *Rama* e incluso compuso su propia versión del *Ramayana*, el *Ram Charit Manas*, que todavía se lee mucho en nuestros días.

Igual que a *Tulsidas* lo cegaba su deseo, con demasiada frecuencia nosotros perdemos de vista la perspectiva general buscando una gratificación instantánea; pero cuando empecemos a comprender las limitaciones del deseo, empezaremos a mirar de forma natural hacia el interior.

Nos pasamos la mitad de la vida preocupados tratando de encontrar algo que hacer con el tiempo que hemos intentado ganar corriendo por la vida. Al final pensamos: "¡Qué vida tan maravillosa he tenido! ¡Ojalá me hubiese dado cuenta antes!". Esto no quiere decir que la esencia de la espiritualidad sea la inactividad. Si fuese así todos los árboles y las rocas inanimados serían los mayores sabios del mundo. Lo que hace falta es, por el contrario, acción sin apego a los resultados de la acción. Eso es lo que vemos en Amma. Es acción con quietud mental, con una mente equilibrada.

En la *Bhagavad Gita* (2.49) *Sri Krishna* le dice a *Arjuna*:

dūreṇa hyavaraṁ karma buddhiyogād-dhanaṁjaya
buddhau śaraṇam anviccha kṛpaṇāḥ phalahetavaḥ

La acción con motivo, *Dhananjaya*, es muy inferior
a la que se realiza con ecuanimidad mental.
Refúgiate en la uniformidad de la mente.
Los que buscan resultados son desgraciados.

Menos pasión no significa que tengamos menos energía en general. Significa, por el contrario, que gastamos menos energía en las emociones y que nos queda más energía para servir a los demás. Ésta es de hecho la mejor y más auténtica técnica de gestión de recursos: repartir nuestra limitada energía humana de la forma más eficiente por el bien del mundo. Una persona que siempre está a merced de sus emociones nunca podrá hacer gran cosa. Una parte importante de la gestión de cualquier área es la reducción de los desechos y el aumento de la eficiencia. Una mente que no está controlada malgasta tiempo y energía reaccionando de forma exagerada ante las situaciones, obsesionada con el pasado y preocupada por el futuro. Una mente así también es ineficiente por su incapacidad de percibir los principios esenciales de cada situación. Los verdaderos triunfadores del mundo han tenido equilibrio y flexibilidad mental, capacidad de perdonar, paciencia y otras cualidades parecidas.

Si observamos a Amma de cerca podemos ver que nunca malgasta tiempo o energía. Hasta mientras da *darshan* está manejando cien cosas más: entrevistas con periodistas, una larga lista de preguntas sobre la gestión de sus muchas instituciones caritativas, atención personal a devotos y discípulos que necesitan guía, mostrando maneras en que se puede acomodar mejor a la multitud congregada y dando *mantras* y nombres espirituales.

Por supuesto, desde el punto de vista físico diferentes personas hacen cosas que, a primera vista, pueden parecer semejantes a lo que Amma hace; pero vamos a mirar más de cerca. Por ejemplo, puede haber algunas personas a las que les guste dar abrazos. Incluso pueden ser capaces de dar unos cuantos abrazos más que una persona media. Pero, ¿tienen la paciencia de abrazar a miles de personas de un tirón, sin comer ni dormir, todos los días durante tantos años? O, como Amma, algunos directivos dirigen múltiples instituciones a la vez; pero, ¿pueden también dar un perfecto ejemplo de renuncia y sacrificio como hace Amma? Algunas personas tienen mucho conocimiento del mundo exterior; pero, ¿pueden también conocer y comprender el corazón y la mente de otros seres humanos?

Incluso alguien que sólo se siente cerca de Amma y escuche todos los problemas que le cuentan se cansará pronto, sin ser siquiera el que tiene que ofrecer las soluciones. Amma también da a los devotos la oportunidad de pasar más tiempo cerca de ella realizando una determinada tarea como ponerle el *prasad* en la mano para que ella se lo de a los devotos. Pero Amma da a menudo *darshan* a un ritmo tan rápido y hay tantas distracciones a su alrededor que incluso esta sencilla tarea resulta excesiva para la mayoría de las personas, incluso mientras Amma está haciendo una docena de cosas a la vez y realizándolas todas con gracia y perfección.

Y no debemos olvidar que Amma no sólo está abrazando a personas durante periodos tan maratonianos, aunque esto sea en sí mismo un milagro. Amma también habla con cada persona que acude al *darshan*. Puede consolarlas, responder sus preguntas, aconsejarlas o felicitarlas por un trabajo bien hecho. De esta forma, Amma habla sin parar durante doce horas o más al día. Además, también canta *bhajans* todos los días. La mayor parte de nosotros empezamos a perder la voz si tenemos que hablar todo el día durante sólo uno o dos días seguidos. Y algunas veces Amma se queda afónica; pero entonces, al momento siguiente, como por la mera fuerza de su voluntad, puede hablar o cantar con toda la fuerza de un orador o de alguien que hubiera estudiado canto, aunque estas personas suelen dejan descansar su voz totalmente el día de la actuación, bebiendo infusiones de hierbas y tomando pastillas para la garganta.

A pesar de toda esta actividad, Amma nunca da muestras de estrés o tensión. Normalmente, una persona que hiciese sólo una pequeña parte de las cosas que hace Amma no sólo estaría totalmente estresada sino que también estresaría a los demás. Sin embargo Amma no sufre ningún efecto adverso por hacer tantas cosas: no padece de tensión, estrés, agotamiento o aburrimiento.

Y no sólo Amma carece de estrés sino que también es capaz de librar a los demás del estrés. He hablado con muchos devotos que son psiquiatras o psicoterapeutas y dicen que Amma es el mejor "antiestrés".

El secreto que explica la capacidad de Amma de expresar todas estas cualidades divinas es el *Atma jnana* o conocimiento del Verdadero Ser. Se dice que el *Atma jnana* es el conocimiento "conociendo el cual se conoce todo lo demás". Si sabemos aprovechar la energía contenida en un núcleo podemos aplicar esa energía en cualquier campo. Del mismo modo, el autoconocimiento de Amma llena todos sus pensamientos. Cuando observamos a Amma podemos ver esta interesante paradoja. Ella percibe al mismo tiempo tanto el todo como todas y cada una de las partes. Fijándose en lo diminuto, dirá: "Sólo si sientes amor hasta por una pequeña hormiga puede considerar Amma que realmente la amas a ella". Al momento siguiente estará aconsejando sobre la gestión de sus muchas inmensas instituciones, como AIMS, el hospital de mil trescientas camas de Amma, o su sistema de escuelas *Amrita Vidyalayam*, con cincuenta y tres escuelas por toda la India.

Un alma que conoce el Ser como Amma entiende realmente las palabras de las escrituras: "El microcosmos y el macrocosmos son lo mismo". Como los *mahatmas* han comprendido su unidad con el Ser omnipresente, pueden ver tanto el todo en el individuo como el individuo en el todo. Amma también dice que el universo entero está contenido dentro de todos y cada uno de nosotros. Aquí se está refiriendo al hecho de que el *jivatma* (el alma individual) y el *Paramatma* (el Ser Supremo) son lo mismo. Cuando se elimina la ignorancia del *jivatma*, éste comprende que no es otro que el *Paramatma*, como una ola al darse cuenta de que en realidad es una con el mar.

Si queremos parecernos más a Amma, hay una progresión lógica que debemos seguir. Si un científico quiere comprender cómo aprovechar la energía infinita contenida en el núcleo, empieza estudiando la naturaleza de un átomo, que tanto contiene como oculta la energía nuclear. De modo semejante, para lograr el *Atma jnana* primero debemos comprender la naturaleza de nuestra mente, que tanto puede ocultar como revelar nuestra naturaleza infinita.

Una vez un rey salía de su palacio para dar su paseo matutino cuando un mendigo se cruzó en su camino y le bloqueó el paso. El rey no lo apartó sino que le preguntó al mendigo qué era lo que quería. La respuesta no fue exactamente la que esperaba. El mendigo se echó a reír a carcajadas. Finalmente, recuperando el aliento, le explicó lo que le parecía tan gracioso:

—¡Me estás preguntando cómo si pudieras cumplir mi deseo!

Ofendido, el rey exclamó:

—¡Por supuesto que puedo cumplir tu deseo! Sólo dime cuál es.

—Piénsatelo dos veces antes de prometer nada —respondió el mendigo.

El rey ignoró la advertencia del mendigo, e insistió:

—Cumpliré cualquier cosa que pidas. Soy el señor de todo lo que ves. ¿Qué puedes desear que no pueda darte?

—De hecho, mi deseo es muy sencillo —dijo el mendigo—. Por favor, ¿puedes llenar mi escudilla de mendigar de algo? Puede ser cualquier cosa que elijas.

—Por supuesto —dijo el rey.

Llamó a uno de sus asistentes y le ordenó:

—Trae suficientes monedas de oro para llenar muchas veces la escudilla de mendigar de este hombre.

El asistente entró en el palacio y regresó con un enorme saco de oro. Después le dio la vuelta y llenó la escudilla del mendigo hasta que debía estar rebosante. Sin embargo, sucedió algo raro: en cuanto las monedas entraban en la escudilla desaparecían al instante, como si la escudilla fuera mucho más profunda de lo que parecía. Pensando que era un truco, el rey le ordenó a su asistente que siguiese echando monedas dentro de la escudilla: seguro que tendría un límite. Pero el asistente siguió echando y las monedas seguían desapareciendo en cuanto tocaban la base de la escudilla. Finalmente, el enorme saco se vació completamente y en la escudilla del mendigo no quedaba ni una sola moneda.

Como el rey había dado su palabra de que llenaría la escudilla y todavía estaba convencido de que sólo podría contener una pequeña parte de su riqueza, volvió a enviar a su asistente al tesoro para que rellenara el saco. De esta forma, la escena se repitió una y otra vez.

Después de algún tiempo empezó a propagarse la noticia de la extraña escena que transcurría a las puertas del palacio. Para el mediodía se había reunido una enorme multitud. Ahora el prestigio del rey estaba en juego. Sus asistentes le pidieron que dejara marcharse al mendigo sin echar más riquezas en la escudilla sin fondo del mendigo, pero el rey dijo:

—Aunque se pierda todo el reino, que así sea; no seré derrotado por este mendigo.

Finamente, el suministro de monedas de oro del rey se quedó en nada. Sin embargo, siguió vaciando el tesoro en la escudilla. Diamantes, perlas y esmeraldas, todo dentro, que desaparecían inmediatamente en el vórtice. Para el atardecer la sala del tesoro del palacio no era más que una habitación vacía. Todos los que observaban se quedaron en silencio, maravillados. Por fin, el rey cayó a los pies del mendigo y reconoció su derrota. Antes de que el mendigo se marchase, el propio rey le suplicó:

—Has vencido, de esto no hay duda; pero, antes de que te vayas, sólo dime una cosa: ¿de qué está hecho esta escudilla de mendigar?

Riéndose, el mendigo dijo:

—No es ningún secreto. Esta escudilla no es más que la mente humana. Nunca puede satisfacerse.

De hecho, tratar de agotar los propios deseos satisfaciéndolos es como intentar extinguir un violento fuego echándole gasolina. Cada vez que cedemos a nuestros deseos, éstos sólo se vuelven más fuertes. La única forma de acabar superando nuestros deseos es utilizando nuestro discernimiento para ver los defectos que conllevan los objetos deseados. Esto nos dará fuerza interior para superarlos.

Hace varios siglos, en *Tamil Nadu* vivió un gran sabio llamado *Pattinatthar*. Antes de renunciar al mundo *Pattinatthar* era la persona más rica de una ciudad costera llamada *Kaveripoom Pattinam*. Sin embargo, no había podido tener hijos. Un día un brahmán encontró a un bebé al pie de un árbol. Como sabía que *Pattinatthar* tenía muchísimas ganas de tener un hijo, el brahmán le dio el niño y recibió una enorme recompensa. *Pattinatthar* crió al niño como si fuera su propio hijo.

Cuando el hijo de *Pattinatthar* llegó a la mayoría de edad, le pidió a su padre la bendición para convertirse en un mercader viajero. Aunque se sentía reacio a verle irse, *Pattinatthar* le dio permiso con la esperanza de que el joven siguiera sus pasos y le hiciese aún más rico que antes. Poco después, el hijo de *Pattinatthar* alquiló un barco y zarpó hacia puertos extranjeros.

Después de mucho tiempo, *Pattinatthar* oyó que el barco de su hijo había regresado y estaba anclado en el puerto de la ciudad. Sin embargo, había un problema: había corrido la voz de que el joven había perdido su equilibrio mental y había regresado con un barco lleno tan sólo de cáscara de arroz y estiércol seco. Indignado, *Pattinatthar* salió corriendo para verlo por sí mismo. En el trayecto debió de cruzarse con su hijo, porque cuando *Pattinatthar* llegó al barco el joven se había marchado. Al entrar en las cámaras bajas del barco, *Pattinatthar* vio que lo que había oído era cierto. No había más que cáscaras de arroz y estiércol, del suelo al techo, de pared a pared.

Maldiciendo su destino y gritando enfurecido por su despreciable hijo, *Pattinatthar* agarró uno de los montones de estiércol seco y lo arrojó contra la pared del barco. Al golpear la pared se hizo pedazos esparciendo partículas brillantes por toda la habitación. Al mirar más de cerca vio que el montón de estiércol estaba lleno de diamantes, perlas y joyas preciosas. Tomando unos cuantos montones más y rompiéndolos vio que en todos había lo mismo. Su hijo lo había embalado para evitar que los piratas del mar le saquearan de camino a casa.

Mientras *Pattinatthar* corría hacia su casa, las lágrimas le cegaban. Eran lágrimas de felicidad por el ingenio y el éxito de su hijo, y lágrimas de remordimiento por haber maldecido tan precipitadamente el nombre de su hijo.

Cuando llegó a su casa su esposa le esperaba en la puerta con el rostro ceniciento. Le dijo que su hijo ya había llegado y se había marchado[9]. El joven sólo había dejado una pequeña caja y le había

---

[9] Nunca se vio o se supo nada más del hijo adoptivo. Muchos creen que era una encarnación del Señor cuyo único objetivo era llevar a *Pattinatthar* al

pedido que se la entregara a su padre a su regreso. Dentro de la caja había una nota doblada alrededor de una diminuta aguja de coser con el ojo roto. La nota decía: "Ni siquiera esta aguja con el ojo roto te acompañará después de la muerte". Viendo la nota y con la aguja en la mano, el hombre rico estaba estupefacto. Por primera vez se había dado cuenta de que, a pesar de todas sus riquezas, dejaría el mundo con las manos vacías. No podría llevarse consigo ni la más pequeña e inútil posesión: una aguja con el ojo roto. Al darse cuenta de ello, el rico también decidió dejar el hogar y buscar sólo a Dios. Antes de marcharse le dio instrucciones a su contable para que repartiese gratuitamente su riqueza entre todos los necesitados.

Al oír las noticias de la partida del rico de la vida mundana, el rey de la tierra se quedó impresionado. Incluso en ocasiones se había beneficiado de la generosidad de *Pattinatthar* cuando el tesoro del palacio estaba medio vacío. El rey decidió que debía ir a verle.

El rey encontró a *Pattinatthar* sentado en una roca en un lugar desierto de las afueras de la ciudad, desnudo salvo por un taparrabos. Deteniéndose frente a él, el rey le preguntó:

—¿Qué te ha pasado? Eras el hombre más rico del reino. ¿Qué has ganado dejándolo todo?

Pattinatthar miró al rey y sonrió:

—Oh, rey. Antes me levantaba en señal de respeto cada vez que pasabas. Si me llamabas, acudía corriendo como un esclavo. Ahora tú eres el que está de pie mientras yo sigo sentado.

Como *Pattinatthar* carecía de cualquier deseo, no tenía nada que ganar demostrándole respeto al rey. El rey no tenía nada que ofrecerle. Al comprender la verdad de las palabras del sabio, el rey simplemente se postró a sus pies y regresó al palacio en silencio.

---

camino espiritual.

Sólo alguien que tiene algo puede realmente dárselo a otro. Naturalmente, cuanta más riqueza se tenga mayor capacidad se tendrá de dar. Pero Amma dice: "La espiritualidad es la verdadera riqueza. Esta riqueza interior es la que ayuda a convertirse en el más rico entre los ricos". Según esta definición, Amma es y siempre ha sido en realidad la persona más rica del mundo. Y aunque ha estado repartiendo enormes cantidades de su riqueza espiritual por todo el mundo durante más de treinta y seis años, ésta todavía no ha disminuido ni una pizca. Aunque a veces ni siquiera se dan cuenta de su valor, todos los que vienen al *darshan* se marchan con el diamante de la bendición de Amma.

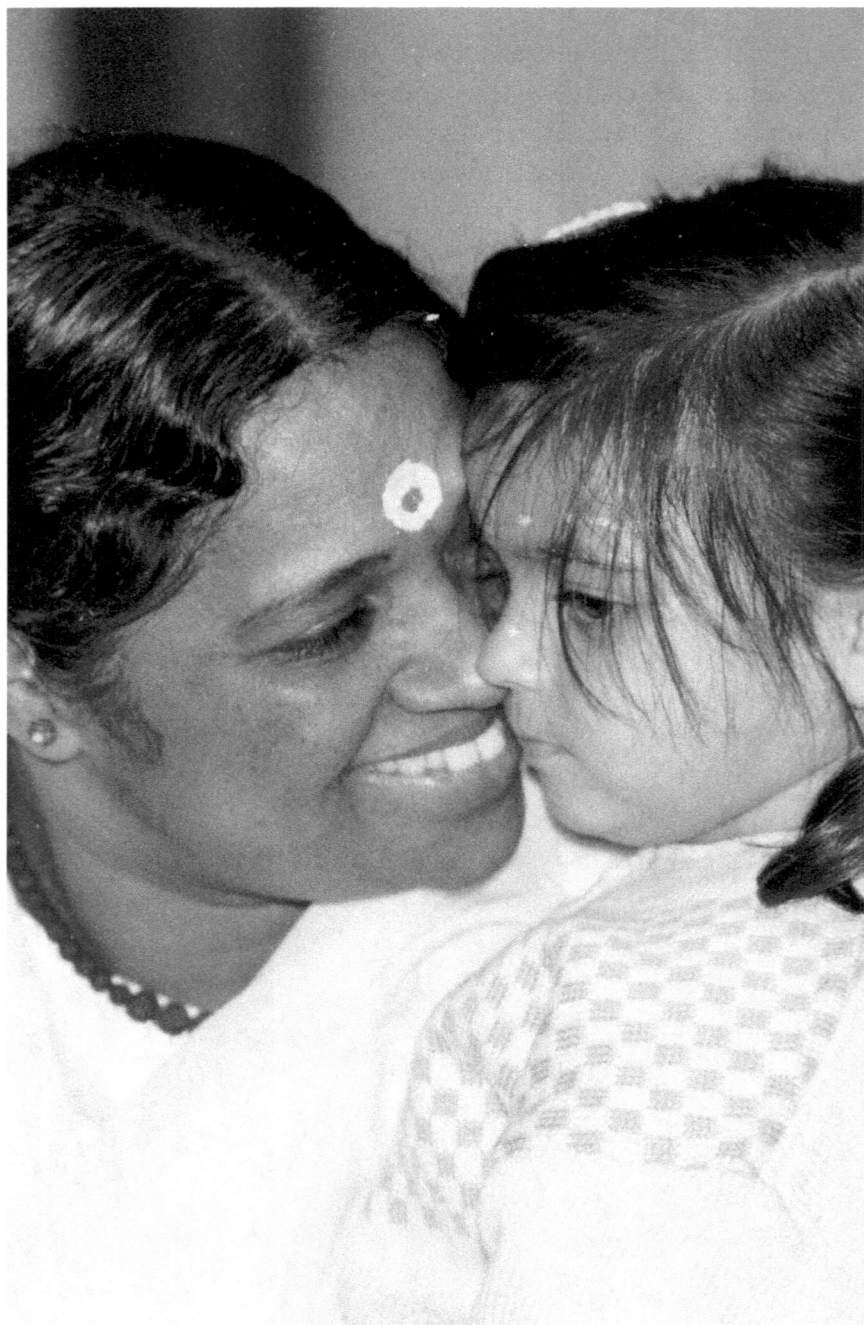

Capítulo 8

Gestionar la mente

"Mucha gente confunde mala gestión con destino".

—Kin Hubbard

En la actualidad vemos que el mundo de los negocios, e incluso los militares, se interesan realmente por los principios de la espiritualidad tales como la ecuanimidad mental y la necesidad de librarse del estrés. Las fuerzas paramilitares indias han pedido recientemente que Amma facilite instrucción en meditación a más de un millón de sus soldados. Después de que los *brahmacharis* de Amma hayan empezado a enseñar (gratuitamente) la Técnica de Meditación Integrada Amrita® (IAM por sus iniciales en inglés) en centros paramilitares de todo el país, los demás cuerpos del ejército también han empezado a pedir esa instrucción. Muchas personas con mentalidad de negocios también acuden a Amma buscando consejo y orientación, y algunas empresas ya han empezado a ofrecer la Técnica IAM® a sus empleados.

Está claro que los principios de la espiritualidad pueden aplicarse a los negocios y a otros campos; pero algunos de los principios básicos de los negocios también pueden aplicarse a la espiritualidad práctica.

Una vez hubo un apagón en unos grandes almacenes. Estaba oscuro como la boca de un lobo. Los clientes no podían ver nada.

Una señora que estaba nerviosa y se encontraba cerca de uno de los empleados de la tienda se volvió hacia él y le dijo:

—Por favor, ¿puede hacer algo?

—Lo siento, señora —contestó el empleado—. Estoy en ventas, no en gestión.

Aparte de lo obvio, este chiste ilustra una idea importante. Para tener éxito en la carrera, para ganarse la vida, basta con especializarse en un campo. Podemos estar en ventas sin saber nada de gestión. O podemos estar en gestión sin saber nada de ventas. Sin embargo, para tener éxito en la vida tenemos que aprender a ser tanto un vendedor como un gestor: tenemos que ser capaces de vender cosas buenas a nuestra mente y de gestionar las situaciones difíciles de la vida.

Por supuesto, algunas personas pueden no tener una buena opinión de los directivos en general. Por ejemplo, un hombre está volando en globo y se da cuenta de que se ha perdido. Reduce su altitud ve a un hombre en un campo debajo de él. Baja aún más el globo y grita:

—Disculpe, ¿puede decirme dónde estoy?

El hombre de abajo dice:

—Sí. Está en un globo de aire caliente, flotando a unos diez metros sobre este campo.

—Bueno, gracias por nada, amigo —dice el hombre del globo.

El hombre de abajo responde:

—Usted debe de trabajar en gestión.

—Sí —contesta el hombre del globo—; pero, ¿cómo lo ha sabido?

—Bueno —dice el hombre—, no sabe ni dónde está ni hacia dónde va, pero espera que yo pueda ayudarle. Está en la misma situación en la que estaba antes de encontrarnos, pero ahora es culpa mía.

Éste no es el tipo de dirección al que nos referimos cuando hablamos de gestionar la mente. No significa utilizar falsas justificaciones o señalar a otros con el dedo para eludir responsabilidades. Significa convertirse en el amo de nuestra mente y de todas sus reacciones y respuestas.

En una ocasión un hombre estaba desayunando con su familia antes de salir corriendo hacia la oficina para hacer una presentación en una reunión sumamente importante en la que se iba a decidir el destino de su empresa. Cuando iba a coger el zumo de naranja su hija le tiró sin querer la taza de café, derramándole encima el café caliente y manchándole su recién planchada camisa blanca. Como ya estaba preocupado por el posible resultado de su reunión de esa mañana, estalló en cólera, regañando duramente a su hija por su falta de cuidado antes de ir a cambiarse la camisa. Al salir de la casa se encontró a su hija sentada en la escalera de la entrada llorando. Consternada por su arrebato había perdido el autobús y necesitaba que alguien la llevase.

Como ya salía tarde, el hombre condujo por encima del límite de velocidad para llevar a su hija a la escuela y poder llegar aún a tiempo al trabajo.

Sin embargo, un oficial de policía lo paró por exceso de velocidad, le echó una reprimenda y le puso una multa. Finalmente, llegando tarde a su reunión, el hombre se dio cuenta de que se había dejado el maletín —y todos los materiales para la presentación— en casa. Como no pudo aportar nada a la reunión, su empresa fue adquirida por una sociedad rival y a él lo despidieron sumariamente. De repente, el hombre se encontró sin trabajo y distanciado de su esposa y su hija. Echando la vista atrás vio que toda esta confusión había surgido de su reacción exagerada ante el vaso de café derramado. Sobre ese acontecimiento no había tenido control; pero si hubiese podido controlar el genio en ese momento el resto de los problemas con los que se encontró aquel día podrían haberse evitado. De esta forma, un grano de arena se convirtió en una montaña.

Amma nos dice a menudo que la espiritualidad es el proceso de aprender a controlar la mente. Sin embargo, para hacerlo con éxito también debemos convertirnos en expertos vendedores. Nuestra mente es un cliente difícil: generalmente se niega a aceptar lo que es bueno para nosotros.

Por otra parte, Amma dice que nuestra mente también es el mejor vendedor de todos los tiempos. Es una experta en vendernos sus propias ideas y opciones, generalmente cosas que serán agradables a corto plazo pero que al final no nos llevarán a nuestro bien supremo. Por eso, tenemos que aprender a convertirnos en vendedores aún mejores que nuestra mente, para poder reconocer los buenos y los malos tratos y convencer a nuestra mente de que siga el camino correcto. Amma pone el ejemplo de un niño al que le ofrecen que elija entre un cuenco lleno de chocolates y un cuenco lleno de monedas de oro. El niño siempre escogerá los chocolates porque le dan una satisfacción instantánea. El niño no sabe que con las monedas de oro pueden comprar cualquier cantidad de chocolate y también pagar al dentista para que le arregle después los dientes.

Como adultos podemos pensar que es una elección fácil de realizar; pero todos los días nos encontramos con elecciones parecidas. Por ejemplo: ¿debemos ver la televisión o meditar? ¿Debemos encontrar una forma de servir a nuestra comunidad o ir de compras a por ropa nueva? ¿Debemos leer la última novela de misterio o la *Bhagavad Gita*?

Es instructivo echar un vistazo a la historia de *Nachiketas* en la Katha *Upanishad*. En su búsqueda del verdadero conocimiento, *Nachiketas* va al encuentro de *Yama*, el Señor de la Muerte; pero cuando *Nachiketas* le pide a *Yama* que le instruya éste trata de disuadirle de su búsqueda ofreciéndole placeres tanto mundanos como celestiales: una vida larga y saludable, enormes palacios, doncellas celestiales y riqueza ilimitada. *Yama* es un buen vendedor, pero *Nachiketas* es un cliente más duro. Rechaza con confianza todo lo que *Yama* le ofrece, negándose a quedarse satisfecho con cualquier cosa que no sea el *Atma jnana*.

De hecho, *Yama* estaba sólo probando a *Nachiketas* para asegurarse de que era un discípulo apto antes de transmitirle el conocimiento espiritual.

Afortunadamente para nosotros Amma no es tan exigente. No nos somete a pruebas tan rigurosas. Quizás sepa que la mayoría de nosotros no las pasaríamos. Más bien, al ver las maravillosas ofertas simplemente nos desmayaríamos.

Igual que un experto hombre de negocios estudia el mercado, la competencia y el comportamiento del consumidor, Amma entiende la naturaleza del mundo, la naturaleza de los seres humanos y sus actitudes y hábitos. Amma sabe que en el mundo actual la espiritualidad es un producto difícil de vender. A veces bromea con que si el mismo Dios viniese a nosotros mientras vemos la televisión y nos ofreciese la iluminación, le contestaríamos: "Señor, este programa no lo van a volver a poner. Como eres eterno, ¿te importaría volver más tarde?"

La tele, los libros de misterio y los centros comerciales no son más que algunas de las muchas cosas que compiten por nuestra atención. Por eso Amma nos hace una oferta global. Cuando acudimos a Amma con un deseo o un problema ella nos ayuda a cumplir nuestro deseo o a solucionar el problema y al mismo tiempo nos ayuda a orientar poco a poco la mente hacia la espiritualidad.

Muchos jóvenes indios que habían expresado a Amma su deseo de viajar a Estados Unidos encontraron al final un trabajo allí; pero con el tiempo, como veían a Amma durante sus giras semestrales por Estados Unidos, su ejemplo les inspiró tanto que pronto se dieron cuenta de que lo único que querían era regresar a la India y vivir en su *ashram*.

Es difícil promocionar cosas buenas ante la mente; pero Amma hace que sus productos —el amor, la compasión y el servicio— sean irresistibles. Así que, en cierto modo, aunque todos sus productos se ofrecen de forma gratuita, Amma también trabaja en ventas; pero no se limita e eso: también está en la dirección.

Como la red de actividades humanitarias organizada por el *Mata Amritanandamayi Math* está creciendo cada vez más, a algunos les puede dar la impresión de que Amma ya no está directamente involucrada en su administración, que ella sólo presta su imagen. Pero de hecho, por mucho que crezca la red de actividades del *ashram*, Amma sigue desempeñando el papel tanto de directora general como de directora de área. Aunque Amma pasa más de la mitad de cada día dando *darshan*, todavía puede interactuar y aconsejar directamente a las miles de personas involucradas en llevar a cabo el trabajo del *ashram* y mantener una relación personal con cada uno de sus devotos. Quizás éste sea uno de los mayores milagros que el mundo jamás haya visto.

También es posible que Amma sea la única persona de la tierra que pueda tutearse con decenas de miles de personas. Hace unos años, poco después de que Amma celebrase un programa en *Kochi*, uno de los conductores del *ashram*, que trabaja en el hospital de Amma, fue a su *darshan* en *Amritapuri*. Cuando Amma le vio le preguntó:

—Eh, ¿dónde estabas durante el programa de *Kochi*?

El conductor le explicó que, aunque había acudido al programa, al ver la cantidad de personas que habían ido a recibir su *darshan* no había querido añadirle otra carga.

—Pensé que estabas demasiado ocupada —explicó.

—¿Quién estaba ocupado, tú o yo? —le preguntó Amma. Deberías haber venido al *darshan*.

El conductor se quedó estupefacto al ver que Amma se había dado cuenta de su ausencia, y más aún de que le preguntara por ello. Yo me encontraba cerca, y también estaba sorprendido. Después de todo, ¿se preocuparía cualquier directivo de la ausencia de uno entre cientos de conductores? Pero Amma habló con él como si dispusiera de todo el tiempo del mundo.

A menudo me he preguntado si, de alguna forma, Amma ha encontrado la manera de tener más de veinticuatro horas en un solo día sin que nadie más esté al tanto. Por supuesto, merece la pena recordar que todos los que han logrado grandes cosas sólo tenían veinticuatro horas al día. Del mismo modo, tanto los delincuentes como los que pierden el tiempo también tienen sólo veinticuatro horas al día. Por tanto, lo que somos capaces de lograr depende sólo en último término de cómo empleamos el tiempo del que disponemos. Las siguientes historias ilustran la medida en la que Amma está todavía involucrada en las actividades diarias de sus instituciones.

La primera historia la compartió conmigo uno de los *brahmacharis* que supervisa el campus de *Amritapuri* de la universidad de Amma. Además de las actuales Facultades de Ingeniería y Biotecnología y el Colegio de Ayurveda, el año pasado se abrió en este campus una nueva Facultad de Artes y Ciencias y este año se ha abierto una nueva Facultad de Trabajo Social. Con la ampliación estaba claro que se necesitaban más ordenadores. El *brahmachari* pidió a los jefes de departamento que hablaran con su personal y le informasen del número total de ordenadores necesarios. Algún tiempo después los jefes de departamento le presentaron una petición oficial de ciento cincuenta ordenadores más. Impresionado por la investigación y el esfuerzo realizados por los jefes, el *brahmachari* le llevó directamente la petición a Amma; pero al presentarle las cifras, ella le respondió:

—¿Por qué quieres gastar tanto dinero sin necesidad? Deberías hacer realmente tus deberes antes de presentar una petición como ésta.

El *brahmachari* no protestó, pero se marchó muy apenado. Se preguntaba: "¿Por qué me dice esto Amma? Después de todo, el personal hizo un estudio muy detallado y consultó a todos los afectados". Más tarde aquella noche, mientras daba vueltas en la cama incapaz de dormir, de repente se dio cuenta de que lo que Amma le había dicho era cierto. "Deberías hacer realmente tus deberes", le había dicho. Y era cierto: él no había realizado el estudio, sólo lo había recopilado de los distintos departamentos y lo había aceptado sin más. Al darse cuenta de eso, se quedó despierto el resto de la noche estudiando los distintos datos y números. Al final se dio cuenta de que, al no tener acceso a la información de los demás, los jefes de departamento no eran conscientes de cómo podían compartir los recursos. Y, de hecho, no se necesitaban ciento cincuenta ordenadores, sino noventa. Con esta simple comprobación pudo ahorrar más de un millón de rupias. Al día siguiente regresó a Amma con una propuesta revisada. Antes de que dijera nada Amma le miró y le sonrió. En pleno *darshan*, ella le preguntó:

—¿Has hecho los deberes?

Él le contó a Amma lo que había averiguado y ella le dio el visto bueno para la compra.

Uno de los proyectos más recientes del *ashram* se llama *Matru Gramam* o la Aldea de la Madre. Con este proyecto el *ashram* ha iniciado cooperativas de mujeres en las aldeas cercanas al *ashram* donde las familias han vivido tradicionalmente de la pesca como su única fuente de ingresos. En el pasado, si la captura era escasa o si algo le sucedía a su marido en el mar, estas mujeres y sus hijos sencillamente pasaban hambre. Ahora el *ashram* les está proporcionando formación y apoyo material para que fabriquen y vendan distintos productos en sus propias comunidades. Estas cooperativas están manufacturando de todo, desde zapatos, chocolates y uniformes escolares a saris, productos para la pesca y encurtidos. Ya hay más de seiscientas de éstas cooperativas; pero Amma todavía muestra mucho interés a la hora de supervisar los progresos de cada grupo.

Recientemente uno de esos grupos de mujeres le trajo a Amma un dulce de leche que habían elaborado y que planeaban comenzar a vender pronto. Aunque Amma estaba muy ocupada dando *darshan* a una gran multitud de devotos, se tomó el tiempo de probar el fruto de los esfuerzos de estas mujeres. En cuanto lo probó se dio cuenta de que algo no iba bien. Al preguntarles por la forma de preparación se vio que habían sustituido el *ghee* por aceite de palma para ahorrar dinero. Amma les explicó que el aceite de palma estaba arruinando el sabor. Llamó entonces al *brahmachari* encargado de la cocina del *ashram* y le pidió que les enseñase a preparar el dulce utilizando los ingredientes adecuados. Aunque éste era sólo uno de esos más de seiscientos grupos de tan sólo uno de los muchos proyectos del *ashram*, Amma quería asegurarse de que se hiciera correctamente.

Amma dice: "Nada es insignificante. Un avión puede estrellarse aunque sólo falten unos pocos tornillitos de una pieza clave. Todo tiene su lugar en la creación de Dios. Nada puede desatenderse".

De hecho, Amma siempre ha mostrado mucho interés por los pequeños detalles que podrían pasarse por alto con facilidad. Hace muchos años, después de la construcción del templo principal del *ashram*, oímos que Amma había subido al tejado. Cuando llegamos allí la encontramos en cuclillas, buscando con tanta atención como si hubiese perdido algo de oro. Cuando nos acercamos vimos que estaba recogiendo todos los clavos torcidos y las piezas pequeñas de chatarra que habían sobrado de la construcción. No podíamos imaginar por qué Amma le estaba dando tanta importancia a estos restos. Sin que le preguntáramos, Amma nos explicó que, cuando el *ashram* se llenara, la gente tendría que dormir en el tejado y podrían clavarse esos trozos de metal en los pies. Si alguno de ellos fuese diabético, podría sufrir una grave infección cuyo tratamiento quizás no fuese capaz de costearse. Además, dijo Amma, la chatarra no es basura sino que podría venderse para recaudar dinero para alimentar y cuidar a los pobres.

Todavía en la actualidad Amma presta la misma atención a los detalles. Durante su gira de 2007 por el norte de la India, después del programa de Amma en *Bangalore*, recorrimos el largo trayecto por carretera para llegar a *Hyderabad* a tiempo para el programa de la mañana siguiente. Aunque Amma no había ni comido ni dormido, esa noche salió muy tarde de su habitación para ver cómo iban las cosas. Como era justo antes de la media noche había pocas personas despiertas y ella podía moverse con libertad por el terreno. El estrado se había montado en el patio de la escuela que se había excavado en la ladera de una colina. Lo que se les había pasado por alto a los organizadores estuvo inmediatamente claro para Amma: en el patio no había espacio suficiente para acomodar a todos los que vendrían al programa. Entonces Amma se puso a caminar alrededor del perímetro que rodeaba el patio excavado. En cada lugar colocaba una silla y después se sentaba mirando hacia abajo para comprobar si podía ver el escenario desde cada punto. Si no podía, entonces indicaba cómo podía desbloquearse la vista. Estaba muy preocupada de que el escenario fuera visible para todas y cada una de las personas. Viendo esto me preguntaba cuántas otras personas que van a presentarse ante una multitud tan enorme darían tanta importancia a todos y cada uno de los asistentes al programa.

Sólo he compartido unos pocos ejemplos del modo en que Amma realiza la dirección general y la de área, pero todos los días hay muchos más. Como es la dueña de su propia mente, Amma es capaz de gestionar perfectamente todas las situaciones.

Amma también quiere ayudarnos a dirigir nuestras mentes. No porque ella vaya a sacar nada, sino porque sabe que es lo único que nos traerá una paz y una felicidad duraderas. Y está dispuesta a pasarse todo el día y toda la noche ayudándonos a hacerlo. Ella ha dedicado su vida al servicio: desde contar ordenadores hasta sostener en sus brazos a miles de personas cada día, desde comprobar los ingredientes de los dulces hasta ayudar a las personas a cultivar la devoción por Dios mediante sus sesiones diarias de *bhajans*, desde recoger chatarra a educar a las personas sobre su verdadera naturaleza en sus *satsangs*. La mente de Amma está completamente vacía de deseos egoístas. Está dominada de una vez para siempre.

He oído hablar de retiros espirituales de dos días organizados por una determinada celebridad que sólo pasa cuarenta y cinco minutos al día con los participantes en el retiro. Una vez alguien le preguntó:

—Gastamos todo este tiempo y dinero sólo para estar contigo. ¿Por qué no pasas más tiempo hablando con nosotros?

La celebridad respondió:

—La mente humana sólo puede absorber una determinada cantidad de sabiduría cada vez. Si pasase más tiempo contigo se malgastaría.

Por el contrario, en un retiro típico de dos días y medio con Amma, ella pasa más de cuarenta horas con sus hijos. Amma nunca siente que esté malgastando su tiempo pasándolo con nosotros. Nos dice que si tratásemos de cultivar manzanas en *Kerala*, sería casi imposible. Y, aunque lo lográsemos, las manzanas serían de poca calidad. En cambio, las manzanas cultivadas en Cachemira tendrán gran calidad y sabor.

Para toda empresa el ambiente debe ser favorable. Del mismo modo, la presencia de un verdadero maestro nos aporta el ambiente más favorable para aprender a gestionar nuestra mente.

Capítulo 9

La receta secreta de Amma

"La belleza y el encanto del servicio desinteresado nunca deben desvanecerse de la faz de esta tierra. El mundo debe saber que una vida de dedicación es posible, que una vida inspirada por el amor y el servicio es posible".

—Amma

La red de actividades humanitarias de Amma siempre va en aumento; pero aún así ella nunca deja de sorprendernos. Cuando terminó la construcción de veinticinco mil viviendas en 2002 pensamos que estaría satisfecha con lo logrado, pero inmediatamente anunció un nuevo objetivo de cien mil casas más por todo el país. Cuando el *tsunami* nos alcanzó en 2004 nos asombró a todos con lo que se ha convertido en un paquete de auxilio y rehabilitación de cuarenta y seis millones de dólares. Cuando el huracán Katrina azotó a Estados Unidos, sorprendió a sus devotos estadounidenses con una donación de un millón de dólares al Fondo de Auxilio Bush-Clinton para el Katrina.

Una de las cosas más asombrosas de Amma es su inquebrantable seguridad en la ejecución de estas enormes iniciativas. La espontaneidad con la que Amma actúa es la prueba de su seguridad. Durante su visita a *Mumbai* en marzo de 2007 Amma fue invitada a una reunión de alto nivel con el primer ministro de *Maharashtra* para hablar sobre la epidemia de suicidios entre los agricultores empobrecidos. Tras la reunión Amma sorprendió de nuevo a todos diciendo de repente que iniciaría un nuevo plan para ayudar a remediar la situación. Las dos primeras medidas del enorme paquete de auxilio consisten en el patrocinio de los estudios de cien mil hijos de agricultores pobres y en proporcionar la formación y el capital necesarios para poner en marcha cinco mil colectivos de industrias artesanales para mujeres pertenecientes a familias agrícolas pobres. Ambas iniciativas están dirigidas a reducir la carga económica de las familias de los agricultores y ayudarles a lograr independencia económica.

Estaba claro que éste era de nuevo otro paquete multimillonario de auxilio y todos los que se encontraban alrededor de Amma estaban atónitos: ¿Qué estaba diciendo Amma? ¿De dónde iba a sacar Amma todo ese dinero? Normalmente, cuando gastamos una gran cantidad de dinero en algo, primero pasamos por un periodo de angustiosa incertidumbre; pero en la cara de Amma no había la menor señal de duda o arrepentimiento.

Recientemente Amma recibió en *Amritapuri* a Olara Otunnu, expresidente del Consejo de Seguridad y vicesecretario general de las Naciones Unidas. Cuando le preguntaron su opinión sobre el trabajo humanitario de Amma, dijo: "Creo que la ONU y otras ONGs tienen algo que aprender de Amma y de lo que ha sido capaz de construir".

Amma explica que cuando el gobierno destina dinero a proyectos de auxilio gran parte se gasta en salarios. Ella no está criticando al gobierno. Por supuesto, el gobierno tiene que pagar los salarios de sus empleados y hay que mantener la maquinaria gubernamental; pero el resultado final es igual que echar aceite de un vaso a otro en una fila de vasos. "Al final no te queda aceite", dice Amma. "Todo se ha perdido al quedarse pegado a las paredes de todos los vasos. De esta forma, mil rupias se han convertido en cien rupias para cuando llegan a la gente; mientras que, si el *ashram* consigue diez rupias, nosotros añadimos nuestro esfuerzo y el dinero se multiplica".

El Sr. Otunnu también comentó durante su visita a *Amritapuri*: "Uno de los problemas que afrontamos en el trabajo internacional de auxilio es que muchos de los recursos que se movilizan para apoyar a los necesitados se destinan a los que facilitan el apoyo: el personal. Los gastos tienden a ser bastante elevados en relación con lo que realmente acaba beneficiando a las personas que realmente lo necesitan. Al ver la organización de Amma me sorprendió cuánto de lo que se genera, cuánto del dinero que se moviliza, realmente llega y beneficia directamente a los necesitados. Es extraordinario. Me sorprendió mucho ver cómo ha conseguido dar con la fórmula correcta".

Para dar con la fórmula correcta hay que tener los ingredientes adecuados. Con la receta de Amma de la renuncia, la dedicación incesante y el amor desinteresado todo es posible.

La primera visita de Amma a Sudamérica en julio de 2007 ilustra claramente esta verdad. Su primer programa se celebró en Santiago de Chile, una metrópoli abrigada por las montañas de los Andes.

Si había dudas de cómo respondería la gente de Santiago a Amma, se aclararon en la primera sesión de *darshan*. Casi en cuanto el sol salió sobre los Andes una enorme multitud empezó a descender sobre el centro de congresos. El enorme salón estaba lleno mucho antes de la llegada de Amma, y cuando Amma llegó fue recibida con un estruendoso aplauso. De hecho, durante los tres días siguientes, cada vez que Amma llegaba, salía o acababa de cantar un *bhajan*, le seguía un aplauso. Estaba claro que la gente de Santiago veía en Amma lo que otras personas han estado viendo en ella en todo el mundo durante los utlimos veinte años: el amor de Dios en un cuerpo humano.

En los programas de la mañana Amma estaba rodeada por todas las agencias de noticias importantes del país. Su visita a Chile fue realmente una noticia importante. Durante los tres días siguientes la multitud fue tan grande que cada programa se unía al siguiente casi sin descanso.

Antes de irse de Chile Amma se reunió con varios de los devotos locales que habían ayudado a organizar el programa. Todos creían que era realmente asombroso que los programas hubiesen transcurrido sin problemas cuando ninguna de las personas involucradas había organizado antes un programa y la mayoría de los voluntarios ni siquiera se habían encontrado con Amma antes de su visita. De hecho, muchos de los voluntarios habían pedido una semana o más de permiso en el trabajo para dedicarse a tiempo completo a garantizar el éxito del programa. Mirando con amor a los ojos a sus hijos de Santiago, Amma preguntó:

—¿Cómo lo habéis hecho?

Inmediatamente uno de ellos respondió:

—Fue nuestro amor por ti el que nos dio la fuerza y la inspiración.

Al oír esto Amma asintió con aprobación y sonrió, diciendo:

—Donde hay amor, cualquier cosa es posible.

Amma no sólo ha estado practicando esta fórmula de éxito en su propia vida, sino que mediante una cuidadosa guía y su propio ejemplo impecable ha sido capaz de inculcar los mismos valores a sus discípulos y devotos de todo el mundo.

En los primeros días había comida gratuita para todos los que venían al *ashram*. Los residentes del *ashram* eran los últimos en comer y Amma, la última de todos. Muchas veces, cuando todos los invitados habían sido servidos, ya no quedaba comida y los residentes tenían que quedarse sin nada. En aquellos días algunos de nosotros salíamos a comprar provisiones para el *ashram*; pero a menudo no teníamos suficiente dinero para comprar lo que

necesitábamos. En una de esas ocasiones uno de los *brahmacharis*
estaba preocupado de que la siguiente semana nos quedáramos sin
nada de comida. Cuando le preguntamos a Amma qué debíamos
hacer, ella contestó:

—No os preocupéis. Siempre que haya una necesidad, Dios
proveerá. El dinero vendrá y el dinero se irá. No es asunto nuestro. Id a meditar.

El *brahmachari* trató de seguir las instrucciones de Amma,
pero, por supuesto, no pudo meditar demasiado bien porque
estaba muy preocupado, no sólo por los devotos sino también por
saber de dónde vendría su propia siguiente comida. Sin embargo,
al día siguiente alguien llegó e hizo una donación de mil rupias.
En aquella época mil rupias nos parecían un millón de dólares.
Con ese dinero salimos a comprar las provisiones para la semana
siguiente.

Ahora que el *ashram* está en una situación económica mejor,
cuando miramos atrás vemos que, aunque aquellos días fueron
muy duros en muchos sentidos, fueron inapreciables tanto para
nosotros como individuos como para el *ashram*. Amma estaba
enseñándonos a gastar sensatamente y a no desperdiciar recursos.
Estos mismos principios son los que le han permitido a Amma y
a su *ashram* lograr tanto con tan poco.

Y, como siempre, Amma ha sido el ejemplo perfecto de sus
propias enseñanzas. Incluso hoy, después de haber iniciado y
desarrollado proyectos tan enormes de auxilio, Amma tiene
mucho cuidado en no gastar siquiera una pequeña cantidad de
dinero de forma innecesaria. Por ejemplo: aunque la inclinación
natural sería la de usar el mejor papel posible para escribirle una
carta a Amma, hay más de tres mil residentes en el *ashram* y cada
uno de ellos descarga su corazón en Amma escribiéndole cartas.
Por eso Amma siempre pide que se utilice el papel de desecho
(con algo impreso en una cara) para las cartas e incluso para los

informes del departamento de contabilidad del *ashram*. Aunque pueda resultar incómodo leer informes impresos en un papel así, Amma ha dicho que de esta forma podemos ahorrar dinero que puede utilizarse para proporcionar medicinas, alimentos, ropa o cobijo a algún necesitado; y también reducir la deforestación.

Amma siempre dice que la que hace que todos nuestros esfuerzos den frutos de la forma correcta es la gracia. No basta con trabajar duro y ahorrar dinero; después de todo el dinero tiene que venir de algún lado. Pero sobre esto Amma no ha tenido nunca ninguna duda. Incluso en la actualidad, cuando Amma habla sobre los nuevos proyectos que tiene intención de iniciar, siempre surge la pregunta: "Amma, ¿de dónde va a venir el dinero?"

Amma contesta en el mismo tono en el que lo hacía hace todos esos años cuando se le preguntaba por el dinero para las provisiones del *ashram*. "El dinero vendrá y el dinero se irá. Dios proveerá todo lo que haga falta".

Capítulo 10

Escapando de la red de maya

"Antes de poner nuestro corazón demasiado en algo examinemos lo felices que son los que ya lo poseen".

—Francois de La Rochefoucauld

"Lo que hace que la humildad sea tan deseable es la maravilla que hace en nosotros: crea en nosotros la capacidad de tener la intimidad más estrecha posible con Dios".

—Monica Baldwin

En *Tamil Nadu* hay cuatro santos que conjuntamente son conocidos como los cuatro maestros del *shaivismo*[10]. Uno de estos santos fue *Sundarar*, que nació en una aldea llamada *Tirunavaloor*. Cuando nació lo llamaron *Nambiaroorar*; pero era un niño tan increíblemente guapo que también le conocían como *Sundarar* (el Bello). Un día, cuando el rey pasaba con su carroza, *Sundarar* estaba jugando al lado de la carretera. En cuanto el rey puso los ojos en el niño se sintió tan atraído por su increíble belleza que se bajó de la carroza y se puso a jugar con él. Pronto descubrió que, de hecho, era el hijo de un buen amigo suyo. El

---

[10] El *shaivismo* comprende las tradiciones del hinduismo que se centran en el culto del Señor *Shiva*.

113

rey fue a la casa de su amigo y le pidió que le diese el niño. El amigo del rey no tuvo otra opción que acceder a la propuesta.

Así, el rey crió a *Sundarar* como a su propio hijo asegurándose de que todas sus necesidades estuviesen cubiertas y de que conociese bien las escrituras y los valores humanos eternos. Cuando el chico llegó a la mayoría de edad se realizaron los arreglos necesarios para casarlo con una joven adecuada. Cuando el matrimonio estaba a punto de celebrarse un anciano brahmán se acercó a *Sundarar* y le dijo:

—Hay una causa legal pendiente entre nosotros. Sólo podrás casarte después de resolver este asunto.

Totalmente confuso, *Sundarar* le preguntó:

—¿Qué quieres decir? ¿Qué causa legal?

Dirigiéndose a todos los que se habían reunido para la celebración, el anciano gritó:

—Escuchad todos: ¡este joven es mi esclavo!

Todos los presentes se quedaron estupefactos; pero a *Sundarar* no le afectó la reclamación del brahmán.

—Soy el hijo adoptivo del rey. ¿Cómo voy a ser tu esclavo?

El anciano no se inmutó.

—Hace mucho tiempo —le explicó— tu abuelo fue mi esclavo y firmó un contrato según el cual todas sus generaciones futuras también serían mis esclavos. Por tanto, no deberías tratarme con desdén.

—Eres un viejo loco —dijo *Sundarar*, y se puso a reír alegremente.

—Tú te lo tomas a broma, pero tengo pruebas de mis afirmaciones —prosiguió el anciano.

Sosteniendo una hoja de palma cubierta de escritura dijo:

—Aquí está el contrato firmado por tu abuelo.

Sin mediar palabra *Sundarar* le arrebató la hoja de palma y la hizo pedazos.

El anciano protestó diciendo:

—¿Cómo puedes ignorar un contrato firmado?

Después, dirigiéndose a la multitud, insistió:

—¡Hay que respetar el acuerdo!

La multitud trató de calmarle diciendo:

—Tu petición es extraña: nunca antes habíamos oído que un brahmán fuese esclavo de otro brahmán.

—Da igual —insistió el anciano—. *Sundarar* es mi esclavo y yo soy su amo. Soy de Thiruvennai Nalloor y él debe regresar allí conmigo y vivir a mi servicio.

Como el anciano insistía el rey accedió a que parte de su consejo fuese a la aldea del anciano y consultase con su consejo de ancianos para comprobar si la petición del anciano brahmán tenía fundamento.

Así fue como *Sundarar*, algunos de los hombres del rey y el anciano brahmán fueron en procesión a la aldea del anciano. Cuando llegaron, el anciano llevó la procesión al consejo de ancianos de la aldea; pero para los ancianos el hombre también era un desconocido: nadie lo había visto antes. Sin embargo, como decía que era de la aldea, accedieron a escuchar su explicación. Después de que hubo presentado su demanda y relatado los acontecimientos del día, uno del consejo dijo:

—Como *Sundarar* ha roto la hoja de palma no tienes pruebas de tus afirmaciones.

El anciano dijo:

—Ésa sólo era una copia. Conmigo tengo el contrato original firmado por su abuelo.

Después de decir esto el hombre sacó otra hoja de palma y la sostuvo en alto.

Después de examinarla cuidadosamente y compararla con los archivos de la aldea, el consejo dictaminó que el contrato era válido y le dijo a *Sundarar*:

—Por muy extraño que sea este caso, es verdad que eres su esclavo. No tienes más opción que servirle como te ordene.

Después, dirigiéndose al demandante, los ancianos dijeron:

—Dices que eres de esta aldea, y el contrato también te identifica como perteneciente a este lugar; pero ninguno de nosotros te ha visto nunca antes. ¿Dónde está tu casa? Por favor, muéstranos el lugar donde vives.

El anciano brahmán contestó:

—Venid conmigo y os mostraré mi casa.

Todos le siguieron con gran interés. El brahmán les llevó al centro de la aldea, donde estaba el templo de *Shiva* local. Sin mirar a derecha o a izquierda, subió directamente los escalones del templo. Al entrar en el sanctum sanctorum desapareció.

Asombrado, *Sundarar* cayó de rodillas. Abrumado por la devoción al Señor, sus ojos se llenaron de lágrimas. De repente, el Señor *Shiva* apareció delante de él con la Diosa *Parvati* a su lado. *Shiva* le explicó:

—Vine a salvarte de las garras de maya (la ilusión)[11].

Antes de desaparecer de nuevo, *Shiva* dijo:

—La canción empapada de amor es para mí el mejor *archana* (culto).

Después de eso *Sundarar* compuso muchas bellas canciones para el Señor *Shiva*, que todavía se cantan en la actualidad. Durante el resto de sus días *Sundarar* siguió viéndose como el siervo del Señor.

Aquí merece la pena recordar que *Sundarar* sólo tuvo ocasión de pasar unos momentos en presencia de una encarnación divina mientras que Amma ha venido a nosotros durante toda una vida. Depende de nosotros aprovechar lo mejor posible esa oportunidad.

---

[11] Según el *Advaita Vedanta*, lo que hace que el *jivatma* se identifique erróneamente con el cuerpo, la mente y el intelecto en lugar de con su verdadera identidad, el *Paramatma*, es maya.

Hay un bello dicho sobre los dos métodos utilizados por los discípulos de *Sri Ramakrishna Paramahamsa* para escapar de la red de maya o la ilusión de la realidad objetiva. Se dice que mientras *Nagamahasaya* —uno de los discípulos seglares de *Sri Ramakrishna Paramahamsa*— se hizo tan pequeño que pudo deslizarse por los agujeros de la malla de la red de maya, su discípulo monástico *Swami Vivekananda* se hizo tan grande que la red ya no podía cubrirle.

Del mismo modo, Amma nos enseña que debemos tratar o de convertirnos en nada o de convertirnos en todo. Es decir, o nos volvemos tan humildes que nuestro ego desaparece y nos fundimos en lo absoluto o ampliamos la mente hasta que perdemos toda sensación de nuestro ser como un individuo limitado y nos identificamos sólo con la totalidad. Pero ahora la mayoría de nosotros no estamos dispuestos a seguir ninguno de ambos caminos. No queremos convertirnos en todo ni queremos convertirnos en nada. Al revés: todos queremos llegar a ser algo.

Por supuesto, Amma nos dice que somos "la esencia de *Om*"; las escrituras nos dicen que somos *Brahman*; otros buscadores espirituales nos dicen que somos uno con Dios. Todas éstas son formas distintas de decir lo mismo: que nuestra verdadera naturaleza es ilimitada, eterna y dichosa. Pero, al fin y al cabo, ¿cuál es nuestra experiencia? Nuestra experiencia no es que seamos Eso, sino un individuo bastante limitado, lleno de mezquinos temores, ira, duda y dolor.

Entonces, si no nos sentimos la Conciencia Suprema, podría pensarse que actuaríamos con humildad; pero tampoco estamos exactamente dispuestos a hacer eso. "Verás", nos decimos, "no soy sólo un don nadie cualquiera; soy 'alguien'. Nadie más puede compararse conmigo". Ésa es la clase de pensamientos que nos pasan por la cabeza.

De hecho, en lugar de esforzarnos por trascender el ego y darnos cuenta de nuestra unidad con lo Supremo estamos más preocupados por reforzar nuestro ego y nuestra necesariamente limitada individualidad. Las escrituras dicen que la ignorancia puede definirse básicamente como la idea del "yo" en cuanto individuo limitado. De esta idea equivocada nacen todas las demás ideas equivocadas. De esa idea surgen todas las necesidades, todos los deseos y todas las sensaciones de amenaza o de miedo. Si tenemos una sensación separada del ser, ese ser necesita que lo protejan, que lo amen, que lo alaben, que lo conserven.

Cuando observamos de cerca el modo en que gastamos nuestra energía, lo que decimos y lo que hacemos a lo largo del día, vemos que casi todas nuestras acciones y palabras buscan conseguir la aprobación y los elogios de los demás, abrirnos un hueco. Hasta la ropa que llevamos, nuestro corte de pelo y nuestro peinado o la forma en la que firmamos a menudo sólo tienen la intención de llamar la atención y suscitar la aprobación de los demás. Si no estás de acuerdo con esto, trata de hacer algo bueno sin que nadie más lo sepa y después fíjate en lo difícil que es no decírselo a nadie.

En último término sólo un verdadero maestro puede eliminar nuestro profundamente arraigado deseo de reconocimiento. En una noche oscura dos hombres iban caminando hacia sus casas después de una fiesta y decidieron tomar un atajo a través de un cementerio. En medio del cementerio se asustaron al escuchar un repiqueteo que venía de entre las borrosas sombras. Temblando de miedo, siguieron el sonido hasta que encontraron tan sólo a un anciano que cincelaba con un martillo y un cincel una lápida en la que se leía "Aquí yace Jack Brown".

—¡Caramba, señor! —exclamó uno de ellos después de recuperar el aliento—. ¡Nos ha dado un susto de muerte! Pensábamos que era un fantasma. ¿Qué hace trabajando aquí en plena noche?

—¡Estos inútiles! —refunfuñó el anciano como respuesta sin levantar la vista de su trabajo— ¡Se olvidaron de escribir "Doctor" en mi lápida!

Al final el deseo de aprobación se manifiesta como un deseo de ser famoso. En el mundo actual podemos ver que a todo el mundo, especialmente a los jóvenes, les gustaría más que cualquier otra cosa ser famosos. Hay concursos televisivos en casi todos los campos del arte o la acción destinados a catapultar a la fama al ganador. Casi todo el mundo acepta que convertirse en una celebridad es un objetivo que merece la pena alcanzar, quizás más que cualquier otro; pero, cuando evaluamos el valor de un determinado activo, el primer paso lógico es mirar a los que ya lo han conseguido y comprobar cuánto se han beneficiado. Al aplicar este principio a la fama debemos examinar la vida de los famosos. ¿Les ha hecho la fama ser más felices, estar más en paz o más satisfechos?

Por el contrario, hay innumerables casos de famosos cuya vida se hace pedazos en lo más alto de su estrellato. Ciertamente, todas esas atribuladas estrellas también estaban convencidas de que la fama sólo les traería felicidad y satisfacción; pero está claro que la fama exterior no provoca ningún cambio significativo en las circunstancias internas. Alguien que sea inseguro, esté deprimido o se enfade siendo desconocido se encontrará siendo la misma persona cuando sea famoso.

Arjuna era uno de los guerreros más poderosos de su época. A pesar de ello, cuando se enfrentó a la perspectiva de luchar contra sus propios parientes —e incluso contra su maestro de tiro con arco—, que se habían puesto del lado de los *Kauravas*, se quedó abatido e impotente. Cuando se encontró con una verdadera crisis, toda su fama y su fortuna fueron inútiles. Sólo la guía de *Sri Krishna* le sacó del cenagal de la indecisión y la desesperación.

Recientemente, una importante revista entrevistó a Amma. Una de sus preguntas fue: "Muchas celebridades de todo el mundo están acudiendo a Amma buscando su bendición y su consejo. A la gente corriente le parece que esas personas ya tienen una vida estupenda, ganando mucho dinero y disfrutando de mucha fama; pero, ¿qué piensa Amma de la felicidad de esas personas?"

Amma contestó: "Han venido a Amma debido a su profunda introspección. Han entendido que la vida mundana es limitada y que en la vida hay más de lo que el intelecto puede percibir. Por experiencia han empezado a comprender la limitación de la vida mundana. Han acudido a Amma para averiguar cómo lograr la paz mental".

Uno de los discípulos estadounidenses de Amma se encontró recientemente con un viejo amigo en uno de los programas de Amma en Estados Unidos. Habían sido amigos íntimos durante sus días de colegio. Después de la universidad uno de ellos se había marchado a una pequeña aldea de pescadores en el suroeste de la India para entrar en el *ashram* de Amma como *brahmachari* mientras el otro se había incorporado a lo que más tarde se convirtiría en un grupode rock mundialmente conocido. Aunque ambos terminaron yendo de gira por el mundo, ciertamente se movían en ambientes diferentes.

Después de reconocerse se pusieron a hablar. El *brahmachari* compartió algunas de sus experiencias viviendo con Amma y la estrella de rock habló de las cosas que había visto y hecho en esos años. Le contó que había actuado ante públicos de decenas de miles de entusiastas fans y que ahora tenía suficiente dinero en el banco para vivir suntuosamente el resto de su vida. Sin embargo, mientras relataba sus aventuras su entusiasmo se iba apagando con cada palabra y estaba claro que no había encontrado en la vida de fama y fortuna todo lo que se suponía que encontraría.

La estrella de rock le explicó que estaba buscando algo más profundo y con más sentido en la vida. El *brahmachari* le llevó al *darshan* y la estrella de rock se sintió obviamente conmovido por la experiencia. Unos meses después vino al *ashram* de Amma en la India y contó con orgullo que había dejado todas las drogas y los estupefacientes. Incluso le llevó su último álbum a Amma para que lo bendijese.

En cierta forma las personas famosas están en una posición excepcional para volverse hacia la espiritualidad. Muchos de nosotros pensamos que sólo seremos felices cuando logremos ciertas metas materiales; pero estas celebridades han llegado al final del arco iris, por así decirlo, y ven que todavía les falta algo. En realidad la felicidad no se logra adquiriendo nada del mundo exterior. Es, por el contrario, un proceso de liberarse de algo que tenemos, pero que no necesitamos. Ese algo es el ego o el sentimiento de "yo" y "lo mío".

Una vez un hombre le pidió a Dios: "Oh, Señor, yo quiero la felicidad". Y la respuesta le llegó del interior: "Hijo mío, cuando suprimas el 'yo' y el 'quiero' obtendrás automáticamente la felicidad".

Otro atajo hacia la felicidad es realizar nuestras acciones con amor. Es verdad que todos tenemos muchas responsabilidades y que hay muchas acciones que estamos obligados a realizar; pero no estamos obligados a sentir aversión por estas tareas. Debemos recordar que por cada acción que no nos guste hay personas a las que les encanta hacer esa misma acción. Así que nos puede llegar a gustar cualquier *karma* o acción. Cuando aprendemos a que nos guste una acción ese mismo *karma* nos dará *ananda* o dicha. No necesitamos esperar a ver el resultado de la acción, o *karma phalam*, para experimentar la dicha.

El mayor beneficio de encontrar la felicidad en la propia acción en lugar de esperar al resultado de la acción es que es algo instantáneo. Tampoco puede ser obstaculizado por el *prarabdha karma* (los resultados de nuestras acciones pasadas destinados a fructificar en nuestra vida actual). El *prarabdha karma* puede afectar el resultado de nuestras acciones e impedirnos lograr el resultado que teníamos pensado, pero nunca puede impedirnos disfrutar de las acciones que realizamos.

Recientemente un periodista le preguntó a Amma:

—¿No se siente triste por no tener ya tiempo privado y no poder, por ejemplo, ir a la playa de noche a meditar?

Amma contestó:

—Mi deseo fue siempre amar a los demás, servir a los demás y enjugar sus lágrimas. No hace falta pensar en nada que yo no pueda hacer y sentirme triste por ello, porque estoy haciendo lo que quiero estar haciendo. Antes era de aquella manera; ahora es de ésta.

El mismo periodista siguió con otra pregunta.

—Al principio aquí no había nada de esto. Todo comenzó sólo con una pequeña cabaña y un puñado de personas a su alrededor. Ahora aquí hay muchos edificios, proyectos e instituciones, su presencia es requerida en foros internacionales por todo el mundo y vaya donde vaya es el centro de atención entre enormes multitudes de personas. ¿Qué piensa sobre todos estos cambios radicales?

La respuesta de Amma muestra el verdadero secreto de su ecuanimidad mental.

—La situación exterior puede haber cambiado, pero yo soy siempre la misma. Lo que era entonces lo soy ahora.

Amma no quiere convertirse en "algo". La esencia de su grandeza reside en el hecho de que sabe que ella lo es todo y aún así se comporta como si no fuera nada. Al explicar cómo se ve todo desde su perspectiva trascendente Amma ha dicho: "El universo entero existe como una burbujita dentro de la inmensa expansión de mi Conciencia". Tal es la amplitud de su visión y su experiencia.

Si realmente queremos ser humildes como Amma, sólo tenemos que tratar de percibir el universo como realmente es. Eso es suficiente para comprender nuestra relativa insignificancia. Merece la pena pararse un momento a reflexionar sobre algunos datos básicos de astronomía. En primer lugar, intenta visualizar la distancia de un año luz: 9 billones de kilómetros o la distancia que se recorre dándole a la tierra la vuelta 240 millones de veces. El diámetro de nuestra galaxia, la Vía Láctea, es de unos cien mil de esos años luz. Y, si eso no fuera ya suficiente para hacernos sentirnos totalmente intrascendentes, piensa que las últimas estimaciones afirman que hay cerca de 125.000 millones de galaxias como la nuestra en el universo. Mientras tanto gastamos toda nuestra energía intentando convencer a los demás de lo grandes que realmente somos o discutiendo si el límite de nuestra propiedad es veinte centímetros a este lado o treinta a aquél.

Uno de los *brahmacharis* de Amma me contó una historia sobre cómo Amma le dio una lección de humildad. Poco después de haber recibido la iniciación de *brahmachari*, cuando recorría el *ashram* con sus nuevos hábitos amarillos, los devotos empezaron a postrarse y a tocarle los pies en señal de respeto. Este trato prosiguió durante unos cuantos días; pero el *brahmachari* tuvo que viajar pronto fuera del *ashram* para supervisar uno de los proyectos de Amma. Cuando el recién ordenado *brahmachari* salió del *ashram* sus maletas iban llenas de su nueva ropa, pero su mente también iba llena: de expectativas inconscientes de un trato regio durante el viaje.

Para su sorpresa, nadie le prestó especial atención o lo trató con especial cortesía, y en algunos lugares parecía que hacían comentarios sarcásticos sobre él. Regresó al *ashram* varios días más tarde, disgustado y perturbado por su experiencia. Una noche, poco después de su regreso, tuvo ocasión de ir a la habitación de Amma. Ella estaba esperando a uno de los jefes de aldea locales que le había pedido una oportunidad de hablar con Amma en privado. Aunque el hombre sólo era una autoridad local, cuando entró en la habitación Amma se levantó humildemente y le ofreció una silla. El jefe de aldea se sintió tan conmovido por la humildad de Amma que, en vez de sentarse en la silla, se postró y se sentó respetuosamente a sus pies.

El joven *brahmachari* también se sintió impresionado por la humildad de Amma. De repente se dio cuenta de lo tonto que había sido al esperar un trato especial. ¿Quién era él para esperar nada especial del mundo cuando ni su maestra espiritual, adorada como la Madre Divina por millones de personas en todo el mundo, esperaba nada de nadie? Fue una simple acción de Amma, pero sirvió para liberarlo de la esclavitud de sus expectativas.

Como estamos identificados con nuestro cuerpo, mente e intelecto, la opinión de los demás nos importa mucho; pero Amma dice que en realidad no somos como las velas, que dependen de los demás para encenderse, sino como el sol autoresplandeciente que brilla intensamente por sí mismo. Mientras dependemos de los demás estamos a su merced. Para resolver este problema Amma aconseja que busquemos la presencia de Dios en nuestro interior y aprendamos a depender de ella, porque en realidad ese es nuestro Verdadero Ser.

De esta forma, en lugar de intentar llamar la atención de los demás, empezamos a prestar atención a los demás. En lugar de ser conscientes de nosotros mismos nos volvemos conscientes del Ser en todos los seres vivos.

Capítulo 11

Una nueva teoría de la evolución

"Un individuo no ha empezado a vivir hasta que puede elevarse por encima de los estrechos límites de sus preocupaciones individualistas hacia las preocupaciones más amplias de toda la humanidad"

—Martin Luther King, Jr.

Todos conocemos la teoría de la evolución de Darwin según la cual todos los seres vivos han evolucionado hasta sus formas físicas y hábitos actuales durante millones de años de selección natural y adaptación; pero para la evolución física no puede haber meta final, no puede haber conclusión o perfección. La verdadera perfección sólo puede lograrse en el interior. Además, parece que este proceso de evolución ha empezado a invertirse. Amma dice que hay tres clases de personas: *prakriti* (natural), *vikriti* (pervertida) y *samskriti* (refinada). Si una persona *prakriti* recibe comida, simplemente se comerá cualquier cosa que le hayan dado. Por su parte, una persona *vikriti* no sólo se comerá su parte sino que también les quitará a los demás toda la comida que pueda. Pero una personalidad *samskriti* compartirá primero su comida con los demás antes de tomar nada él. Amma dice que los seres humanos deben evolucionar de *prakriti* a *samskriti*; pero, desgraciadamente, en la actualidad la mayor parte de las personas están de hecho involucionando de *prakriti* a *vikriti*. Aunque se dice que el mono evolucionó hasta convertirse en un ser humano, como los seres humanos son cada vez más egoístas y egocéntricos parece que están descendiendo de nuevo por la escala evolutiva.

Una vez un anciano granjero falleció y se le organizó un gran funeral en el campo al que asistieron todos sus amigos y familiares. El pastor habló extensamente de todas las buenas cualidades del fallecido, lo honrado que era y lo buen marido y padre que había sido. Por último, la viuda se inclinó y le susurró a uno de sus hijos:

—Sube y mira dentro del féretro para ver si el que está ahí es realmente tu padre.

En el mundo actual nos resulta difícil creer incluso en la bondad de las personas más cercanas. Sin embargo, Amma siempre dice que ella cree en la bondad innata de sus hijos. Ella tiene aún más fe que nosotros en nuestra capacidad de evolucionar como seres humanos.

A menudo justificamos nuestro comportamiento y los impulsos de los que somos presa diciendo: "es natural" o "sólo somos humanos"; pero Amma nos enseña a elevar nuestra naturaleza inferior al nivel de nuestros ideales, y no al contrario. Amma ha dicho que su vida prueba que es posible conocer la Verdad Suprema en medio de innumerables obligaciones mundanas, incluso en las circunstancias menos favorables.

Entonces, lo que hace falta es una teoría que explique la evolución espiritual. En lugar de centrarnos en cómo evolucionan los instrumentos exteriores tenemos que comprender los principios que gobiernan nuestra evolución interior. Tenemos que comprender el método por el cual nuestros instrumentos interiores, como la mente, el intelecto y el ego, pueden purificarse. Este proceso se desarrolla naturalmente cuando realizamos regularmente prácticas espirituales y nos imbuimos de las verdades espirituales. Mediante este proceso comprendemos poco a poco nuestra verdadera naturaleza divina y empezamos a vivir en ella.

A veces algunos se preguntan: "¿Por qué la gente adora a Amma? Después de todo, ¿no es humana como el resto de nosotros?" La respuesta es: "Sí, Amma es humana". Es un verdadero ser humano en el sentido auténtico de la palabra. Todas las cualidades nobles que diferencian a los seres humanos de los animales están plenamente presentes en Amma.

Podemos aprender mucho de la actual avalancha de películas sobre superhéroes. Una tras otra vemos que las carteleras anuncian estas películas. Está claro que la gente ansía subconscientemente algo más allá de lo mundano, más allá de los confines del ámbito humano. Queremos creer que hay algún potencial sobrehumano en nuestro interior, que podemos ir más allá de nuestras limitaciones actuales. El ver a superhéroes volar, doblar acero y derrotar al supervillano nos da un sentimiento temporal de regocijo; pero, cuando los títulos de crédito empiezan a aparecer, de nuevo nos vemos frente a la realidad de nuestras propias limitaciones.

De hecho, es la misma añoranza subconsciente la que nos hace amar tanto a Amma. Después de todo, Amma es una superhéroe de la vida real: ella dobla corazones de acero, vuela por todo el mundo y nos ayuda a derrotar al supervillano interior de nuestras tendencias negativas con su sari blanco como una capa que se agita en el viento.

Con el ejemplo de su propia vida Amma nos muestra que es posible ir más allá de las limitaciones humanas con las que nos identificamos y convertirnos en sobrehumanos espirituales. En el caso de los superhéroes cinematográficos a veces podemos encontrar un motivo oculto detrás de sus acciones. En otras palabras: puede que sean físicamente sobrehumanos, pero mentalmente no son muy diferentes de los seres humanos corrientes.

Sin embargo, en el caso de Amma sus acciones no tienen motivos ocultos. Su compasión es verdaderamente incondicional. Ni siquiera espera reconocimiento por lo que hace. Cuando aceptó el "Premio Interfés James Parks Norton" en Nueva York, en 2006, dijo humildemente: "De hecho, sólo he sido capaz de ofrecer algún servicio a la sociedad por el altruismo y el sacrificio de sí de millones de devotos de todo el mundo. En realidad este premio y este reconocimiento son para ellos. Yo sólo soy un instrumento".

Una de las mayores pruebas de la autenticidad de la compasión y el amor de Amma es que estas cualidades se manifestaron espontáneamente en cuanto fue lo suficientemente mayor como para actuar por sí misma. En aquellos días no había personas de sabiduría espiritual u oportunidades de acudir a un *satsang* en la zona. Y hasta que cumplió veinte años nunca se alejó más de diez kilómetros de su casa. A pesar de ello, Amma siempre actuó de perfecto acuerdo con el *dharma*. Cuando un periodista le preguntó de dónde recibía su guía, ella simplemente dijo que siempre había hecho lo que sentía que era lo correcto. "Para mí", dice Amma, "todo viene del interior. Estoy sintonizada con el Verdadero Ser". Amma nunca ha estado interesada en exhibir milagros; pero su amor incondicional es el mayor milagro de todos.

Una vez había una isla paradisiaca en la que moraban todas las cualidades humanas personificadas. Un día el mar empezó a subir, y estaba claro que la isla acabaría probablemente sumergida. Una por una todas las cualidades dejaron la isla. Sólo se quedó el Amor. Sin pensar en sí mismo, quería asegurarse de que todos los demás hubieran sido evacuados sin incidentes. Sólo cuando todos los demás se hubieron marchado y la isla estaba casi totalmente sumergida se dio cuenta de que él también tendría que irse de la isla para sobrevivir. Justo entonces la Riqueza pasaba por allí en un gran barco. El Amor le preguntó:

—Riqueza, ¿puedo irme contigo en el barco?

La Riqueza negó con la cabeza:

—Lo siento, pero mi barco está lleno de plata y oro. Aquí no hay sitio para ti.

Entonces el Amor decidió preguntarle a la Vanidad, que pasaba por allí en un bonito navío:

—¡Vanidad, por favor, ayúdame!

—No puedo ayudarte —respondió la Vanidad con un atisbo de repugnancia—. Estás todo mojado y ensuciarías mi bello barco.

Después el Amor vio pasar a la Tristeza.

—Tristeza —la llamó—. Por favor, llévame contigo.

La Tristeza respondió:

—Lo siento, Amor, pero ahora mismo necesito estar sola.

Viendo a la Felicidad el corazón del Amor saltó lleno de esperanza.

—Felicidad, por favor, llévame contigo.

Pero la Felicidad estaba tan contenta de haber sido rescatada que no oyó la llamada del Amor.

Por fin, el Amor se resignó a su destino. Cuando estaba casi sumergido junto con la isla, oyó una voz que decía cariñosamente:

—Amor, ven, te llevaré conmigo.

El Amor no reconoció al que hablaba. Sólo se daba cuenta de que era la voz de un anciano. El anciano la dio la bienvenida a su barco y lo llevó a tierra firme. El Amor estaba tan lleno de gratitud que se olvidó de preguntarle el nombre al anciano, que, después de comprobar que el Amor estaba a salvo, reanudó su camino. Mientras le veía desaparecer a lo lejos el Amor vio pasar al Conocimiento.

—¿Quién es ése que me ha ayudado? —preguntó.

—Era el Tiempo —respondió el Conocimiento.

—¿Por qué me ayudó el Tiempo cuando nadie más quería hacerlo? —preguntó el Amor.

El Conocimiento sonrió irónicamente y replicó:

—Sólo el Tiempo es capaz de entender la grandeza del Amor.

Cuando Amma fue entrevistada en "20/20", de la ABC, en un momento dado el periodista, asombrado de todo el trabajo que Amma está haciendo en el mundo, le preguntó con incredulidad:

—¿Es eso todo lo que el mundo necesita? ¿Amor? ¿Un abrazo? ¿Es así de sencillo?

Amma le corrigió:

—El amor no es nada corriente. El amor es lo que mantiene la vida. Es extraordinario. Todo se basa en el amor. El amor es la fuente.

Capítulo 12

Ver es creer: cómo el amor de Amma transforma vidas

"Un ser humano es una parte del todo, al que llamamos "el Universo", una parte limitada en el tiempo y el espacio. Se experimenta a sí mismo, sus pensamientos y sus sentimientos como algo separado del resto: una especie de ilusión óptica de su conciencia. Esta ilusión es una especie de prisión para nosotros que nos limita a nuestros deseos personales y al cariño hacia unas pocas personas cercanas. Nuestra tarea debe ser liberarnos de esta prisión ensanchando nuestro círculo de compasión para que abarque a todas las criaturas vivas y a la naturaleza entera en su belleza".

—Albert Einstein

Recientemente leí una entrevista con un hombre que decidió dar abrazos gratis a desconocidos. Había puesto un cartel en la esquina de una calle; pero, como nadie aceptaba su oferta, empezó a caminar hacia la gente ofreciéndoles un abrazo gratis. La mayoría de las personas a las que se acercaba se daban la vuelta y caminaban rápidamente en la dirección contraria. Muchas mujeres se sintieron ofendidas, pensando que el hombre estaba intentando ligar con ellas. De cada mil personas a las que ofreció un abrazo, sólo una o dos aceptaron la oferta. Éste es exactamente el resultado que cabría esperar, ¿verdad? Después de todo ¿quién estaría tan loco como para aceptar el abrazo de un desconocido?

Y, sin embargo, en el caso de Amma se desarrolla una escena parecida, pero con resultados completamente diferentes. Recuerdo una vez que Amma estaba en un aeropuerto viajando de un programa a otro y estaba dando *darshan* a algunos de los devotos que habían organizado el programa anterior y la habían acompañado al aeropuerto. Un espectador —un hombre de negocios que no tenía nada que ver con nuestro grupo— observaba la escena con aparente desagrado. Al principio sólo miraba de vez en cuando por encima de su periódico; pero a medida que la multitud que había alrededor de Amma empezó a crecer y otros hombres de negocios, empleados del aeropuerto e incluso unos pocos policías del aeropuerto empezaron a unirse a la cola para recibir el abrazo de Amma, el periódico cayó sobre su regazo. Finalmente también se unió a la cola del *darshan* de Amma.

Más tarde, cuando Amma y la mayoría de los devotos hubieron subido al avión, miré hacia atrás y vi al hombre de negocios sentado solo de nuevo. No había vuelto a leer el periódico. En lugar de eso, estaba intentando controlar las lágrimas mirando por la ventana el avión al que Amma acababa de subirse.

Entonces, ¿cuál es la diferencia? ¿Por qué tuvo el hombre de la calle unos resultados tan miserables mientras que cuando Amma ofrece lo que parece la misma cosa nadie puede resistirse? La diferencia radica en la calidad de lo que se ofrece. Por supuesto, el abrazo de Amma no sólo es un abrazo. Como ella dice: "Cuando Amma abraza a alguien, no sólo tiene lugar un contacto físico. El amor que Amma siente por toda la creación fluye hacia cada persona que acude a ella. Esa vibración pura de amor purifica a las personas y esto las ayuda en su despertar interior y su crecimiento espiritual".

Recientemente, durante un día de *darshan* con mucha gente, una niña pequeña que veía a Amma por primera vez se acercó a Amma por un lado con una hoja de papel en las manos. Quería desesperadamente enseñarle a Amma su dibujo; pero Amma estaba dando *darshan* tan rápido que parecía que nunca tendría tiempo ni para echarle un vistazo al dibujo de la niña. Justo entonces, entre la agitación de toda esa actividad, Amma miró de reojo a la niña.

En su siguiente momento libre, Amma se volvió hacia la niña y le dijo: —¡Oh, por favor, enséñame tu dibujo!

La pequeña estaba en el cielo. Expuso su obra maestra ante Amma, que parecía muy impresionada. Mientras tanto, el resto los que estábamos de pie cerca de Amma seguíamos esforzándonos por averiguar ante todo cuál era el tema del dibujo. Era claramente una especie de composición abstracta que representaba algo parecido a un elefante marino con botas para la nieve.

Tras alabar los esfuerzos de la niña, Amma empezó a enseñarle a dibujar. Cogió una hoja de papel y, colocándola sobre la espalda del devoto que tenía en su regazo en aquel momento, dibujó una flor y dijo:

—Mira, así es como se dibuja una flor. Ahora hazlo tú.

La niña se sumergió inmediatamente en su tarea y rápidamente creó su propia versión de la flor.

—Oh, muy muy bien —dijo Amma cariñosamente.

Entonces, como si Amma tuviera todo el tiempo del mundo, le enseñó a dibujar otra flor, después un árbol, después un pájaro y otras muchas cosas. Todo en pleno *darshan*. Derramó muchísimo amor y cariño sobre esa niñita. Más tarde nos dijeron que esa niña sufría de dislexia y que le costaba mucho aprender las cosas en la escuela. Claramente Amma ya lo sabía. Parece que esa interacción ejerció una profunda influencia sobre la niña. Desde ese encuentro ya no lucha con su discapacidad de aprender en la escuela y puede estudiar con los demás niños. Sólo por esa única interacción con Amma esta pequeña fue capaz de ver el mundo con una perspectiva completamente nueva.

Otro ejemplo parecido es la historia de un devoto de Seattle. Cuando iba a asistir por primera vez al programa de Amma cogió el autobús desde otra parte de la ciudad. El hombre tenía esclerosis múltiple y siempre se movía con la ayuda de un bastón. En la época de su primera visita a Amma también estaba desempleado y vivía o en la calle o en viviendas para personas de escasos recursos, porque su único ingreso era la pensión de discapacidad. Su pobreza no era sólo era una pobreza material, sino una pobreza de confianza. Le atormentaba un sentimiento de desesperanza y estaba totalmente resignado a sus circunstancias. En esa primera noche con Amma, se quedó a la charla de Amma y a los cantos devocionales y después se marchó feliz por la experiencia, aunque no hubiera recibido el *darshan* de Amma.

De camino a casa, como el autobús no llegaría pronto y se sentía tan lleno de energía, decidió caminar hasta la siguiente parada del autobús. Después de detenerse brevemente, pensó: "Oh, todavía hay algo más de tiempo. ¿Por qué no caminar un parada más?" De esa forma consiguió llegar a su casa antes que el autobús.

Aquello podría atribuirse simplemente a un subidón de adrenalina; pero el hombre no perdió el ímpetu de esa noche. Poco después de eso fue dejando poco a poco el bastón, porque su esclerosis múltiple nunca le volvió a molestar tanto como antes. Pero la rápida mejoría de su salud sólo fue una pequeña parte de la transformación que experimentó tras su encuentro con Amma. Un par de meses después de ver a Amma se animó a solicitar un trabajo en el proyecto de viviendas donde residía. Se convirtió en gestor de pleitos, y ayudaba a las personas de esa comunidad. Unos meses después de aceptar el trabajo se convirtió en el director del centro. Dos años más adelante entraría en funciones como director ejecutivo del Centro Operativo de Emergencias, uno de los mayores bancos de comida de Seattle. Y pocos años después de eso empezó a trabajar para la ciudad de Seattle, donde ahora ocupa el puesto de director de la Administración de Intervención y Concesión de Fondos Estatales para las Personas Sin Hogar. En su oficina del sexagésimo piso, desde el que se ve toda la ciudad, tiene una foto de Amma y una copia de uno de los discursos de Amma para que todos lo lean. Amma ni siquiera lo tocó físicamente en aquella primera visita; pero sólo hay que ver la completa transformación que produjo en su vida el estar en la presencia de Amma. Amma tiene tanta fe en nosotros que la única opción que nos queda es creer en nosotros mismos.

Una vez un *brahmachari* viajaba en autobús para dirigir un programa. El hombre que estaba sentado a su lado le preguntó a qué *ashram* pertenecía y a dónde se dirigía. El *brahmachari* habló amablemente con él. Antes de bajarse del autobús el hombre le dio su número de teléfono al *brahmachari* y le pidió que visitase su casa la próxima vez que pasara por la ciudad.

Algunos meses más tarde este *brahmachari* pasaba por la misma ciudad. De repente se acordó del hombre y sintió un fuerte impulso de llamarle. El hombre respondió la llamada del *brahmachari* y le invitó a que se bajara del autobús ya que él lo recogería. El *brahmachari* se bajó en la siguiente parada y poco después estaba montado en el coche con el hombre. En cuanto se pusieron en march el *brahmachari* se dio cuenta de que el hombre estaba completamente borracho. El *brahmachari* estaba estupefacto; pero, antes de que se diera cuenta, el coche se detuvo frente a la casa del hombre. Saliendo del coche, éste le abrió la puerta al *brahmachari* y lo invitó a pasar.

En la puerta de la casa lo saludaron la esposa y la madre del hombre. Ambas estaban llorando. La esposa le dijo al *brahmachari* que tan sólo unos momentos antes el hombre había estado peleándose con su madre. Cuando la esposa había intentado intervenir él había cogido un cuchillo de cocina y estaba a punto de arremeter contra ella cuando sonó su teléfono móvil. Al oír la voz del *brahmachari* el hombre recuperó de repente la cordura, dejó el cuchillo y se marchó a recoger al *brahmachari*. Si la llamada se hubiese producido un momento más tarde, el hombre podía haberla matado.

Después de la visita del *brahmachari* a la casa el carácter del hombre cambió por completo. Llevó a su madre y a su esposa a ver a Amma y confesó todas sus fechorías. Amma le aconsejó: "No malgastes tu vida, hijo". El hombre se tomó sus palabras a pecho. Desde ese día no ha probado el alcohol y ha cuidado fielmente de su esposa y de su madre.

El amor de Amma puede alcanzar hasta los rincones más oscuros y olvidados del corazón humano. Hasta los reclusos, al oír hablar de Amma y de su amor incondicional, se reforman.

Un joven así cuenta que se había integrado en una banda, que consumía y vendía drogas y que incluso había sido disparado por el miembro de una banda rival antes de ver por primera vez la fotografía de Amma en una revista y decidir asistir a su programa. Se pasó la noche entera contemplando a Amma, pero no fue al *darshan*. De todas formas, se quedó paralizado por el amor desinteresado e incondicional de Amma y se sintió elevado e inspirado por sus palabras sobre una vida dedicada a servir a la humanidad.

Pero su pasado siguió persiguiéndole y fue incapaz de superar totalmente sus adicciones. Acabó sin hogar y viviendo en la calle. Sabiendo que una vida de amor y servicio era posible, pero viéndose incapaz de vivirla, sintió incluso que sería mejor morir. Fue entonces cuando lo arrestaron y encarcelaron. Después de unas cuantas semanas en la cárcel, de repente empezó a pensar en Amma y recordó cómo se había sentido en su presencia; que a pesar de su pasado y de todos sus delitos ella siempre lo amaría como a su propio hijo querido. Lo siguiente que supo es que se echó a llorar de alegría. Aunque estaba en la cárcel, por primera vez en su vida se sintió un hombre libre.

Después de eso habló con más de setenta de sus compañeros presidiarios sobre la plenitud de amor que había encontrado en la presencia de Amma. Escribió al *ashram* de California de Amma y recibió un paquete de libros y fotos de Amma junto con palabras de aliento de algunos de los residentes del *ashram*. Leyó e hizo circular los libros y expuso las fotos de Amma en su celda.

Poco después se sintió inspirado para organizar una cena de Acción de Gracias para los reclusos como un servicio a los que le rodeaban. Después uno de los funcionarios de la cárcel le dijo que nunca habían visto nada como eso en la cárcel y unos cuantos presos le dijeron que durante ese día pudieron olvidar que estaban en la cárcel.

Poco tiempo después el hombre fue puesto en libertad y ahora dedica su tiempo a tender la mano a otros que sienten que no hay esperanza o ayuda para ellos. Mediante la organización no lucrativa de Amma en Estados Unidos ha ayudado a iniciar un programa en las cárceles para llevar el mensaje de Amma a los presidiarios de todo el país, poniendo sus libros a disposición de los presos y también participando en un programa de escritura de cartas para ayudar a los presos a permanecer en contacto con cariñosos devotos. Y cada año lleva grupos de personas sin hogar y drogadictos en recuperación al *darshan* de Amma, donde reciben una comida caliente así como su abrazo transformador.

La *Guru* Gita dice:

ajñāna timirāndhasya jñānāñjana śalākayā
cakṣurun mīlitam yena tasmai śrī gurave namaḥ

> Salutaciones al *guru*, que abrió los ojos del cegado por
> la catarata de la ignorancia con la aguja cubierta del
> ungüento del conocimiento.

Las palabras de un verdadero maestro tienen un poder especial para abrir nuestros ojos a nuestras propias capacidades. La historia de otro preso ayuda a ilustrar este punto. Después de ser arrestado en 1996 y sentenciado a diez años de cárcel sus comportamientos delictivos sólo empeoraron. Al final atacó a un carcelero y fue sentenciado a tres años más de cárcel en aislamiento. Durante ese tiempo sólo se le permitía salir una hora al día. Después de tres meses en aislamiento miró a su alrededor y se preguntó: "¿Cómo he terminado así?" Se dio cuenta de que necesitaba cambiar, pero no sabía cómo. Justo al día siguiente llegó un carcelero con un carro de libros y le preguntó al preso si le gustaría leer algo. Miró hacia abajo y vio uno de los libros de Amma. Se sintió inmediatamente atraído por su fotografía y tomó el libro. Al leer las palabras de Amma sobre la naturaleza inestable de la mente y cómo los seres humanos tienden a tomar malas decisiones cuando se encuentran en un estado profundamente emocional, el presidiario se dio cuenta de que Amma estaba describiendo perfectamente su vida hasta ese momento. Siguió las instrucciones de Amma para realizar una meditación básica y el resultado fue que poco a poco fue siendo capaz de ser más consciente de sus emociones y de tomar mejores decisiones. Finalmente vio que ya no decía o hacía cosas negativas cuando se enfadaba y que era capaz de tomar una decisión consciente de no hacer nada que después pudiera lamentar.

Dice que ése fue el primer paso para aprender a tener algún grado de control sobre los comportamientos que antes había pensado que sólo eran parte de su personalidad. En la actualidad está en la universidad. Es un estudiante de sobresaliente en Física e Ingeniería. Atribuye todo lo que ha logrado a Amma y a su divina sabiduría y amor.

También en la India Amma ha sido capaz de rescatar almas perdidas y transformar hasta el más duro de los corazones. Recuerdo la historia de un hombre que acabaría convirtiéndose en un devoto. Decir que tenía un pasado accidentado es quedarse corto. De niño le intimidaban en la escuela. Un día se defendió para vengarse y vio que se había ganado el respeto hasta del más duro y malo de los niños, y el temor de todos los demás. Después de eso nadie se atrevió a mofarse de él o a tocarle. Ese día aprendió que su capacidad para la violencia significaba seguridad y poder. Se llevó esa lección consigo y de joven se convirtió en un matón a sueldo, trabajando de recaudador de prestamistas. Esto continuó de tal manera que su nombre literalmente causaba temor en el corazón de los deudores acosados por su jefe.

Y entonces un día su esposa fue a ver a Amma. Impresionada por la vida, el mensaje y el comportamiento amoroso de Amma, se hizo devota y visitaba el *ashram* tan a menudo como podía. También llevó fotos de Amma a su casa y las puso en la habitación de *puja* de su familia. Conforme se iba acercando a Amma, la afición a la bebida y el violento estilo de vida de su marido empezaron a molestarla cada vez más. A menudo le invitaba a ir a ver a Amma, pero él nunca demostró el menor interés. Sin embargo, él no quería que ella estuviese triste y cuando finalmente ella le pidió que jurase sobre la foto de Amma que dejaría la bebida y la vida delictiva lo hizo sin dudarlo. Sin embargo, su única intención había sido calmar a su esposa y no realmente realizar ningún cambio en su estilo de vida. Así que siguió como de costumbre; pero la siguiente vez que su esposa le invitó a ir a ver a Amma, por una razón u otra él aceptó.

Era la primera vez que su esposa veía a Amma desde que obtuvo la promesa de su marido y no había tenido ocasión de contárselo a Amma; pero en el momento en que su marido se arrodilló ante Amma ella le riñó con cariño:

—Oye, hijo mío, ¿cómo te atreves a romper una promesa?

Aunque se lo dijo casi como de pasada, esas palabras le impactaron al hombre como un rayo: Amma sabía lo de su promesa y, en consecuencia, sabía todo lo que había dicho y hecho. Sin embargo, ella veía que en él quedaba suficiente bien para abrazarle y hablarle con cariño, como a su propio hijo querido. Desde ese momento el hombre cumplió su promesa y se ha convertido en uno de los más ardientes devotos de Amma en su zona. No sólo eso, sino que además se ha tomado el mensaje de Amma a pecho y dona parte de su salario —de su nuevo empleo legal— para comprar libros y uniformes para estudiantes pobres.

Amma dice: "Hasta un reloj roto da la hora correcta dos veces al día". Con esta visión incansablemente generosa e infinitamente paciente ella repara a seres humanos rotos, curándolos y ofreciéndolos de nuevo al mundo como *prasad*. Soplando en la última chispa de bondad que queda en los corazones más negros puede crear una hoguera de amor, compasión y dedicación a actos de bondad tanto aleatorios como planeados.

Por medio de su amor Amma está cambiando la forma en la que muchísimas personas de todo el mundo se ven a sí mismas, sus capacidades, sus comunidades y su mundo. Y no sólo se limita a aquellos a los que Amma abraza físicamente. Muchas personas de todo el mundo no pueden permitirse ir a ver a Amma o no viven cerca de ninguna de las paradas de la gira de Amma; pero oyen hablar del trabajo que está haciendo y no pueden evitar aportar su contribución, sea cual sea.

Amma dice: "La plenitud se logra cuando el conocimiento y el amor se unen. Que los corazones de mis hijos también se llenen de conocimiento y amor verdaderos. Que, de este modo, mis hijos se conviertan así en la luz del mundo entero".

Capítulo 13

Saliendo de la zona de comodidad

"Todo lo que Dios te pide con la mayor premura es que salgas de ti mismo y dejes que Dios sea Dios en ti".

—Meister Eckhart

Amma cuenta la siguiente historia: Una vez un general se dio cuenta de que un joven capitán muy prometedor había empezado a aficionarse gravemente a la bebida. Llamó al capitán ebrio a su oficina y le dijo:

—Eres un buen hombre, pero te estás echando a perder. Si puedes mantenerte sobrio pronto llegarás a coronel.

El capitán se rió y contestó:

—No merece la pena. Si me mantengo sobrio sólo llegaré a ser coronel, pero mientras estoy borracho ya soy general.

A menudo Amma dice: "Es fácil despertar a alguien que está dormido, pero es difícil despertar a alguien que finge estar dormido". Esto significa que en algún nivel somos conscientes de que la vida que llevamos y las elecciones que realizamos no siempre están de acuerdo con nuestras metas espirituales.

Por ejemplo, Amma dirige a menudo a sus hijos en la oración:

"Oh Señor, que todos mis pensamientos sean sobre ti.
Que todas mis palabras sean himnos en tu alabanza.

Que todas mis acciones sean ofrendas a tus pies de loto
Que todos los pasos que dé me acerquen a ti".

Merece la pena ver si nuestras acciones están realmente de acuerdo con esta oración. Después de todo no tiene sentido pedir que todos nuestros pasos nos acerquen a Dios y después levantarnos y correr en la dirección contraria.

Una vez un hombre estaba de pie en silencio junto al lecho de muerte de su padre.

—Por favor, hijo mío —susurró el anciano—, recuerda siempre que la riqueza no da la felicidad.

—Ya lo sé, padre —respondió el hijo—; pero al menos me permitirá escoger la clase de sufrimiento que más me agrade.

Del mismo modo, la mayoría de nosotros nos conformamos con el mal menor. Escogemos cosas que están en conflicto con nuestra meta espiritual porque nos permiten seguir estando cómodos; pero para alcanzar la meta de la vida espiritual o tenemos que ampliar la idea de quiénes somos hasta que abarque el universo entero o tenemos que olvidarnos completamente de nosotros mismos. Cualquiera de los métodos exige ir más allá de nuestra zona de comodidad, hacer cosas que no nos gustan y aprender a anteponer las necesidades y los deseos de los demás a los nuestros. Afortunadamente para nosotros, Amma es una experta en llevarnos de la mano y, siempre con mucha delicadeza, sacarnos de la cárcel de nuestra zona de comodidad, más allá de las cadenas de nuestros gustos y nuestras aversiones personales.

Una vez, durante una de las giras de Amma por el norte de la India, el grupo de la gira se detuvo al lado de la carretera para almorzar. Amma sirvió platos de arroz, curry de tapioca y *sambar* a todo el mundo. Después de la oración, cuando todo el mundo empezaba a comer, Amma se percató de que un *brahmachari* que estaba sentado a su lado no estaba comiendo. Estaba, por el contrario, mirando el plato un poco tristemente: no era un gran aficionado a la tapioca.

—Eh, come algo —le reprendió Amma.

Resignándose a su destino, se puso a comer a regañadientes unos pocos puñados de comida. De repente, Amma alargó la mano y se llevó la mayor parte de su curry de tapioca a su propio plato. Al ver cómo se lo comía, el *brahmachari* se sintió fatal ya que según la tradición india se considera una falta de respeto dejar que otra persona coma del propio plato medio acabado, y más aún el *guru*. Pero Amma siguió como si nada. Cuando acabó de comer dijo:

—Le he quitado el curry. Que alguien le dé más.

Uno de los *brahmacharis* que servía le trajo más, y él, obedientemente, empezó a comer. Pero mientras comía sucedió algo curioso. De repente se le ocurrió que a Amma, que le había quitado el curry del plato, debía de gustarle mucho. Entonces, ¿por qué no iba a gustarle a él? Pensando así se dio cuenta de que ya no sentía ninguna repugnancia por el curry. Más tarde, al cabo de un tiempo, se dio cuenta de que siempre que tomaba curry de tapioca se acordaba de Amma y poco a poco le fue gustando. Actualmente incluso repite siempre que se sirve tapioca.

Del mismo modo, la mayoría de nosotros no nos sentimos inclinados hacia el servicio desinteresado o una práctica espiritual regular; pero cuando vemos a Amma realizar estas acciones con tanto entusiasmo y sinceridad no podemos evitar seguir sus pasos.

Sin embargo, en las primeras etapas de la vida espiritual podemos esperar encontrar algunos obstáculos. Por ejemplo, cuando empezamos nuestra relación con un maestro espiritual llegamos con grandes expectativas de ser guiados; pero cuando el maestro empieza de hecho a aconsejarnos, a veces vemos que lo que tiene que decirnos no nos gusta. La propia esencia del trabajo del maestro consiste en ayudarnos a ir más allá de nuestros gustos y aversiones. Tenemos que tener esto presente cuando recibamos la guía y las instrucciones del maestro. Naturalmente que el maestro dirá cosas que no nos gusta oír y nos pedirá que hagamos cosas que no nos gusta hacer. Tenemos que estar preparados para ello y recordar que es por nuestro propio bien. Sólo es para ayudarnos a ampliar nuestro sentido de quiénes somos y de lo que somos capaces.

En nuestros primeros años con Amma no sabíamos nada de la espiritualidad. Simplemente el amor maternal incondicional de Amma nos atraía e inspiraba. Amma fue muy indulgente con nosotros durante un tiempo, como una madre lo sería con sus hijos; pero al cabo de un tiempo Amma anunció que establecería algunas normas para nuestro crecimiento espiritual. A la sazón Amma comentó: "Cuando una planta es joven necesita protección; de otro modo se la comerán los animales o la pisará un transeúnte distraído. Pero más tarde, cuando se convierta en un árbol, será tan fuerte que se podrá incluso atar un elefante a ella. Del mismo modo, en las etapas iniciales un aspirante espiritual debe adherirse estrictamente a las disciplinas tradicionales de la vida espiritual".

Una de las nuevas normas de aquellos días fue la prohibición del té y el café. Como dice Amma: "Si no podemos cruzar ni un pequeño riachuelo (dejando la costumbre de beber café), ¿cómo podemos esperar cruzar el océano de *samsara* (el ciclo del nacimiento y la muerte)?"

Sin embargo, uno de los *brahmacharis* era incapaz al principio de dejar su costumbre de tomar café. Siguió haciendo café en secreto y tomándoselo a solas. Un día hizo una segunda taza para otro de los *brahmacharis*. El segundo *brahmachari* sintió remordimientos después de tomarse el café y fue a Amma a contarle su pecado. Amma llamó al primer *brahmachari* y le acusó en voz alta de ser una mala influencia para el otro *brahmachari*, que acababa de ingresar en el *ashram*. Ese día, más tarde, algunos de nosotros estábamos sentados en la zona de la cocina cuando el primer *brahmachari* entró bruscamente y visiblemente furioso.

—¡De ahora en adelante —dijo— no compartiré el café con nadie!

Así, cuando el *guru* dice algo que nos disgusta siempre podemos encontrar una forma de interpretarlo que no muestre la necesidad de cambiar nuestro comportamiento.

Amma cuenta la siguiente parábola para ilustrar este punto: Una vez un hombre salió a buscar un maestro. Quería un *guru* que pudiese guiarle según sus propios deseos, pero ningún *guru* estaba dispuesto a hacerlo. Y tampoco aceptaba las normas que los *gurus* imponían. Al final el hombre se cansó y se tumbó en un campo a descansar. Pensó: "No hay ningún *guru* que pueda guiarme de la forma que quiero. ¡Me niego a convertirme en el esclavo de nadie! De todas formas, ¿no es Dios el que me está impulsando a hacer cualquier cosa que yo decida?" Volvió la cabeza hacia un lado y vio un camello cerca que asentía con la cabeza. "¡Sí! ¡Hay alguien adecuado para ser mi maestro!", pensó.

—Oh, camello, ¿querrías ser mi maestro? —le preguntó.

El camello asintió con la cabeza.

Así que el hombre aceptó el camello como su maestro espiritual.

—Oh, maestro, ¿puedo llevarte a casa? —le preguntó.

El camello asintió de nuevo. Se llevó al camello a casa y lo ató a un árbol. Pasaron unos cuantos días.

—Oh, maestro, hay una chica de la que estoy enamorado. ¿Puedo casarme con ella? —le preguntó.

El camello asintió.

—Maestro, no tengo hijos —dijo al cabo de un tiempo.

El camello asintió de nuevo. Los hijos nacieron.

—¿Puedo beber un poco de alcohol con mis amigos? —preguntó un día el hombre.

El camello asintió. Pronto el individuo se convirtió en un borracho. Empezó a pelearse con su esposa.

—Oh, maestro, mi esposa me está molestando. ¿Puedo pegarla? —le preguntó al camello.

El camello asintió. Fue a casa y así lo hizo. Oyendo el alboroto, la policía llegó y lo arrestó.

Amma dice: "El *guru* es como el médico que no dejará que se duerma el paciente con una mordedura de serpiente. El que lo vea podrá pensar que las técnicas del médico son crueles y que el médico debería dejar que el paciente descansase un poco; pero el médico sabe que si el paciente se duerme puede morirse". Igualmente, Amma dice: "Si encuentras un *guru* que te deja hacer todo lo que quieras, o si simplemente vives como te place, sólo seguirás viviendo en la esclavitud".

Hace poco uno de los devotos de Amma me contó una historia. Dijo que un día estaba hablándole a un amigo de los distintos desacuerdos surgidos en su grupo local de *satsang*. Después de escucharle durante un rato, su amigo, que seguía un camino espiritual diferente, le interrumpió:

—¿Sabes? Mi grupo tiene los mismos problemas —le dijo—; pero en vuestro caso no tienes que preocuparte.

—¿Por qué no? —le preguntó el devoto de Amma.

—Porque tu *guru* es cien por cien. No tengo duda alguna de que es una maestra perfecta, de modo que, suceda lo que suceda en su grupo de *satsang*, indudablemente redundará en vuestro crecimiento espiritual.

—Espera un momento —objetó el devoto—. Según recuerdo la primera vez que Amma vino a nuestra ciudad acudiste al programa, pero nunca has vuelto.

—Así es —admitió su amigo—. Entré y vi a Amma sentada ahí dando *darshan* en la parte delantera de la sala. En el momento en que puse los ojos en ella supe que era genuina. Así que me di la vuelta y salí directamente.

—¿Por qué? —preguntó el devoto.

—Porque sabía que no estaba jugando —explicó el amigo—. Sabía que si me quedaba con Amma más pronto o más tarde tendría que dejar mi zona cómoda y hacer verdaderos cambios.

Eso es cierto para todos nosotros. La razón para acudir a un maestro verdadero como Amma no es sólo olvidarnos de nuestros problemas o de los problemas del mundo. Para eso basta con ver una película o emborracharse. Lo que realmente hace falta no es menos sino más conciencia. Amma nos vuelve más conscientes de nuestro mundo interior y también más conscientes de nuestro entorno. Amma dice que cuando vemos la tele y vemos a personas que sufren en el mundo nuestro primer instinto puede ser cambiar de canal; pero que no debemos intentar cerrar los ojos ante el sufrimiento de los demás. En el mundo hay problemas y Amma quiere que sus hijos formen parte de la solución. Por eso nos anima a reducir al máximo nuestros gastos en lujos y trabajar media hora más al día para recaudar dinero para los pobres. Por eso dice que desperdiciar comida es una forma de violencia. No son instrucciones fáciles de seguir y nuestras partes más débiles, perezosas y egoístas pueden pensar que Amma no está siendo realista; pero si nos tomáramos en serio las instrucciones de Amma, siguiéndolas seriamente, ¿cuánto mejor se volvería el mundo? ¿Cuánto más feliz sería nuestra vida?

Cualquier hecho que sucede cerca de Amma no puede contarse como una sola historia. De hecho hay tantas historias como devotos presentes, ya que cada uno tiene una experiencia diferente, una perla distinta que llevará consigo para siempre. En el caso del episodio de Amma preparando *unniyappam* en el tejado del *ashram* de *Madurai*, un *brahmachari* cuenta su historia.

Mientras Amma echaba la masa en el aceite hirviendo y decidía si los dulces estaban listos para ser servidos, se echó a reír y dijo:

—Estos están a medio hacer, como algunos de mis hijos.

Un *brahmachari* sentado a su lado pensó para sí mismo: "Sí, al contrario que yo, muchas de estas personas no están realmente listas para recibir las enseñanzas de Amma… lo principal es que no se han entregado realmente a la *guru*".

Poco después Amma empezó a repartir dos *unniyappams* como *prasad* a cada uno de los presentes. La tradición dice que un verdadero discípulo debe aceptar cualquier cosa que el *guru* le ofrezca como *prasad*. Sin embargo, este *brahmachari* había tenido recientemente dolor de estómago y náuseas y el médico le había aconsejado no tomar nada frito mientras siguiera enfermo. Recordándolo, no extendió la mano para recibir el *prasad* de Amma. Al final, pidiendo a todos los que no hubiesen recibido *prasad* que levantasen la mano, Amma le miró y le pidió que tradujera al inglés su petición. Lo hizo; pero, incluso entonces, recordando el consejo del médico, no levantó la mano. Después de que Amma hubiera dado *prasad* a todos el *brahmachari* se inclinó hacia delante y le habló a Amma de sus recientes problemas de salud. Con gran ternura Amma exclamó:

—Hijo mío, ¿no te sientes bien? Come esto.

Diciendo eso, y con una sonrisa traviesa en el rostro, le puso suavemente dos *unniyappams* en la mano y le cerró los dedos sobre ellos.

Cuando Amma se hubo levantado y marchado, el *brahmachari* comprendió que Amma estaba tomándole el pelo por su reticencia a aceptar su *prasad* y también haciéndole saber que él también estaba sólo a medio hacer.

Del mismo modo, en nuestra vida personal Amma nos pone en situaciones en las que podemos volvernos conscientes de nuestras negatividades y trabajar para crecer más allá de ellas. Sin embargo, no nos obligará a hacer nada.

Uno de los *brahmacharis* de Amma compartió recientemente conmigo una historia que ilustra este hecho. Hace unos dieciocho años todos los residentes del *ashram* estaban participando en un proyecto para recuperar una zona inundada de los terrenos del *ashram*. Estaban llevando sacos de arena desde el lugar donde había sido descargada hasta la zona inundada. Un joven *brahmachari* que no sentía inclinación por la realización de trabajos manuales pensó de repente: "¿Cuándo me sustituirán? Llevo haciendo esto muchísimo tiempo". Cuando regresó de nuevo al montón de arena, en el momento en que se agachaba para ponerse otro saco al hombro, de repente Amma llegó corriendo y se dirigió a él por su nombre.

—¿Cuánto tiempo llevas cargando arena, hijo mío?

El *brahmachari* contestó:

—Casi dos horas.

Entonces Amma dijo en voz alta:

—¡Dos horas! Mirad a este chico… ha estado trabajando duro durante muchísimo tiempo.

Diciendo esto alargó la mano para quitarle del hombro el saco de arena. El *brahmachari* se negó y se alejó de ella, echando la arena en su sitio; pero cuando regresó al montón de arena Amma le estaba esperando:

—Vete a descansar, hijo mío.

En el pasado, debido a nuestra falta de disposición a salir de la zona de comodidad, hemos podido haber cometido algunos errores o perdido algunas oportunidades de realizar buenas acciones; pero no debemos sentirnos mal por nuestros pasos en falso en el camino hacia Dios. Por muy sucia que esté el agua de nuestra mente siempre puede purificarse gradualmente añadiendo el agua fresca de los pensamientos divinos y las buenas acciones.

Tanto la enfermedad como el pecado son aspectos inevitables de la existencia humana. La enfermedad es un síntoma de un cuerpo desequilibrado; el pecado es un síntoma de una mente desequilibrada. La espiritualidad nos ayuda a restablecer el equilibrio de nuestra mente y devolvernos al camino correcto.

La forma en la que el *guru* elige a sus discípulos se ha comparado con la tradición de utilizar el agua sagrada del Ganges para moler el sándalo y convertirlo en aromática pasta de sándalo. El agua del Ganges representa al discípulo puro y el sándalo representa al maestro espiritual que tiene la fragancia de la verdadera espiritualidad. Los maestros corrientes son así. Sólo eligen a los discípulos más puros con un carácter espiritual y moral adecuado; pero a los maestros verdaderos como Amma no les preocupan en absoluto esos requisitos. Aunque el Ganges esté a su alcance, en lugar de volverse hacia él toman a propósito el agua sucia bajo la forma del discípulo no cualificado y la utilizan para hacer pasta de sándalo. Por muy difícil que pueda ser el proceso, continúan incansablemente hasta el final, con una paciencia y una compasión infinitas.

Por tanto, nunca debemos abandonar pensando que no hay esperanza para nosotros. Al contrario: utilicemos esta preciosa oportunidad de relacionarnos con una *mahatma* como Amma y desarrollar amor puro por Dios. Emulando su ejemplo de oración y servicio nosotros también acabaremos olvidando nuestro pequeño yo y experimentando la felicidad verdadera y permanente.

Capítulo 14

Agárrate a la verdad

"Al desarrollar una relación personal con un Verdadero Maestro, creando un apego a su forma externa, estás estableciendo una relación con Dios, la Conciencia Suprema, tu propio Ser interior. No es lo mismo que desarrollar un apego hacia un individuo corriente. Es una relación que te ayudará a estar desapegado en todas las circunstancias y que te prepara la mente para dar el salto final a la Conciencia de Dios".

—Amma

Las escrituras nos dicen que todas las metas de la vida pueden clasificarse en dos categorías. Éstas son: *preyas* (la prosperidad material) y *sreyas* (la evolución espiritual). Sin embargo, tanto en *preyas* como en *sreyas* los factores esenciales para alcanzar la meta son los mismos. Éstos son *iccha-sakti, jnana-sakti* y *kriya-sakti*: el poder de desear, el poder de saber y el poder de actuar.

A todos nosotros se nos da el poder de desear cualquier cosa del mundo. Esto en sí mismo es un privilegio exclusivo de los seres humanos. Un animal no puede desear nada más que sus necesidades básicas: un mono no puede desear poseer o manejar un ordenador. Si le das a un mono un ordenador, lo romperá o lo tirará. En cambio los seres humanos pueden desear cualquier cosa que haya en este mundo y más allá de él.

Cuando tenemos un deseo debemos conocer los medios de satisfacer ese deseo. Dios nos ha dado el poder de pensar y la capacidad intelectual de encontrar los medios para satisfacer nuestros deseos.

Sin embargo, no basta sólo con conocer los medios necesarios para satisfacer un deseo. Tenemos que poner el esfuerzo correspondiente. Para esto Dios nos ha dado el poder de actuar. Sin este poder no seríamos capaces de mover ni un músculo. Así pues, se nos han dado estas tres clases de poder para lograr nuestras metas en la vida, estén en la categoría de *preyas* o en la de *sreyas*.

Cada uno quiere conseguir una determinada cantidad de prosperidad material. Acudir a la escuela nos ayuda a identificar nuestras metas materiales en la vida y obtener las destrezas que necesitamos para lograrlas. Sin embargo, la educación moderna está totalmente dirigida a ayudarnos a lograr metas que entran dentro de la categoría de *preyas*; pero aunque logremos un doctorado no podremos decir que hayamos logrado un conocimiento real, que las escrituras definen como la supresión de las ideas falsas que tenemos sobre nuestra verdadera naturaleza y la naturaleza del mundo que nos rodea. Sólo este conocimiento nos ayudará a lograr *sreyas*, el crecimiento espiritual.

Una vez una persona vio sobre la acera lo que pensó que era un trozo de reluciente oro. Al recogerlo se dio cuenta de que sólo era el envoltorio de un caramelo. Cuando vio lo que era se deshizo de ello sin pensárselo dos veces. Del mismo modo, cuando alcanzamos el conocimiento de lo que es verdadero y lo que es falso, inmediatamente desechamos lo falso y nos aferramos a lo verdadero.

Como todavía no hemos logrado el conocimiento supremo necesitamos agarrarnos a alguien como Amma, que vive en ese conocimiento. Esta relación nos ayudará a eliminar nuestras falsas ideas sobre nuestra verdadera naturaleza. Amma dice que cuando vamos a un nuevo lugar podemos tener un mapa de cómo llegar allí, pero que es mejor tener también a un nativo de aquel lugar para guiarnos.

Por ejemplo, Edmund Hillary realizó un exhaustivo estudio del estado del monte Everest antes de intentar escalarlo. Aún así tuvo que pedir la ayuda de un sherpa nativo para tener éxito en su esfuerzo. O piensa en el caso de un cirujano óptico muy diestro que necesita someterse a una operación de la vista. No podrá operarse a sí mismo; tiene que dejarlo en manos de otro médico. Del mismo modo, podemos estudiar las escrituras exhaustivamente; pero sólo eso no basta para comprender nuestro Verdadero Ser. Lo que hace falta es una absoluta pureza mental, sin la cual nunca seremos capaces de ver completamente nuestras debilidades y cualidades negativas. Para eso necesitamos la ayuda de un verdadero maestro, que funciona como un espejo en el que podemos ver claramente nuestros defectos y, de ese modo, eliminarlos.

¿Qué significa entonces aferrarse al maestro? No significa agarrarse a su cuerpo físico y negarse a soltarlo. Significa recordar al maestro a lo largo de nuestra vida cotidiana. La manera más fácil de hacerlo es cultivar una relación con el maestro. Mediante nuestra relación personal con Amma será más fácil recordarla, igual que recordamos a nuestros parientes y seres queridos aunque puedan vivan lejos de nosotros.

Cuando hemos estado lejos de Amma cualquiera de sus devotos puede ayudarnos a sentirnos cerca de ella. Un occidental que había vivido en *Amritapuri* y tenía que regresar a su país de origen para ocuparse de unos asuntos de familia me dijo que había otro devoto occidental que estaba en el *ashram* que nunca le había gustado especialmente y al que, de hecho, evitaba activamente en el *ashram*; pero después de haber estado fuera del *ashram* durante unos pocos meses se encontró con esa persona y se sintió contentísimo de verle. Hasta lo invitó a su casa a cenar y lo trató como a un hermano perdido hacía mucho tiempo. Sólo ver a esa persona le recordaba a Amma y le hacía sentirse como si ella no estuviera tan lejos.

Todo lo que Amma hace lo hace sólo para ayudarnos a establecer un estrecho vínculo con ella y, de ese modo, apegarnos a la Verdad Suprema o Dios. Como dice *Sri Krishna* en la *Bhagavad Gita* (3.22):

> *na me pārthāsti kartavyaṁ triṣu lokeṣu kiṁcana*
> *nānavāptam avāptavyaṁ varta eva ca karmaṇi*

> No hay nada en los tres mundos, oh *Partha,*
> que Yo no haya hecho;
> ni nada por lograr que no haya logrado;
> y aún así Yo actúo.

Del mismo modo, Amma no tiene nada que ganar personalmente pasando tiempo con nosotros o realizando cualquier acción. Recientemente un periodista le preguntó a Amma:

—¿Qué es lo que más satisfacción le da de su situación?

Ella contestó:

—¿Satisfacción? Yo siempre estoy satisfecha. Cuando no estás lleno intentas quitarles a los demás para llenarte. En mi caso no es así. Siempre hay un desbordamiento.

Algunas personas creen que no sirve para nada compartir nuestros problemas y preocupaciones con Amma porque ella está identificada con el Ser Supremo y por tanto lo sabe todo y también está más allá de todo. Es como si un escolar dijera: "No sirve para nada pedirle a mi padre que me ayude con mis deberes porque ya ha acabado de estudiar todo eso". Si el niño piensa de esta manera está perdiendo la oportunidad de aprovechar la ayuda de su padre.

Aunque el *guru* esté más allá del nombre y la forma, para nuestro crecimiento espiritual es mejor relacionarnos con el *guru* como una persona mientras tenemos presente que su verdadera naturaleza está más allá. Si, por el contrario, intentamos relacionarnos con Amma en el nivel de lo absoluto, el resultado serán malentendidos y confusión, porque todavía estamos en el nivel objetivo de la conciencia corporal.

Durante uno de los programas de Amma en la India, cuando el *darshan* acababa de empezar, un *brahmachari* vio a un hombre sollozando emocionado. Se acercó al hombre y le preguntó qué iba mal.

El hombre contestó:

—Creo que se me está dilatando el corazón.

El *brahmachari* se dio cuenta de que era una situación grave así que, sin hacer esperar al hombre en la fila del *darshan*, lo coló y lo llevó directamente con Amma. El *brahmachari* dijo:

—Amma, este hombre tiene un problema grave: se le está dilatando el corazón.

Amma miró al hombre con curiosidad y le preguntó:

—¿Es verdad, hijo mío?

El hombre sonrió entre lágrimas y explicó:

—No, no, no es mi corazón físico sino mi corazón espiritual el que se está dilatando por tu amor, Amma.

En este caso el hombre y el *brahmachari* se estaban comunicando en dos niveles diferentes y por eso se malinterpretaron mutuamente. Del mismo modo, si tratamos de comunicarnos con Amma en su nivel, nunca tendremos éxito. De hecho, en ese nivel no hace falta ninguna comunicación: sólo hay unidad.

También es cierto que, aunque el maestro está más allá del nivel objetivo de realidad, para los que viven actualmente en esta realidad su presencia aquí es sumamente valiosa. Por eso, hasta los discípulos del gran sabio *Adi Shankaracharya*, que restableció la supremacía de la filosofía del *Advaita Vedanta* (no dualismo) a todo lo largo y ancho de la India, valoraban mucho la salud y la seguridad del cuerpo físico de su maestro.

Conociendo la naturaleza compasiva del sabio, un *kapalika* (uno que realiza prácticas ocultas) le suplicó una vez a *Shankaracharya* que diese su cabeza como ofrenda en un determinado ritual. Sabiendo que su Verdadero Ser no se vería afectado por la pérdida de su cuerpo físico, *Shankaracharya* accedió de buena gana; pero advirtió que le deberían cortar la cabeza sin que se enteraran sus discípulos.

Cuando todos los discípulos se habían ido a bañarse en el río, el *kapalika* encontró a *Shankaracharya* absorto en meditación. Levantó su espada para cortarle la cabeza al sabio; pero en ese momento uno de los discípulos de *Shankaracharya*, *Padmapada*, salió de la nada y venció y mató al *kapalika*. Durante el baño había sentido intuitivamente que su maestro estaba en peligro y había decidido regresar. Como *Padmapada* era devoto del Señor *Narasimha* (la encarnación del Señor *Vishnu* bajo la forma de un hombre león) pudo invocar el poder de *Narasimha*.

A *Shankaracharya*, que estaba completamente más allá del cuerpo, le hubiera dado lo mismo que el *kapalika* le hubiese matado; pero *Padmapada* no pensó: "Oh, mi *guru* es uno con el Ser Supremo indestructible, más allá del cuerpo y de la mente, así que no sirve para nada proteger su cuerpo". En lugar de eso hizo todo lo que pudo para proteger el cuerpo de su maestro de sufrir daños y, en consecuencia, recibió la gracia de su *guru*.

Una vez el sabio *Narada* fue a ver al Señor *Krishna*. Al verle, *Krishna* se quejó de un terrible dolor de cabeza y le dijo a *Narada* que sólo el polvo de los pies de un verdadero devoto podía curarle. Le pidió a *Narada* que buscase a un verdadero devoto y recogiese el polvo de sus pies. Aunque el propio *Narada* era un gran devoto pensó que cometería un gran pecado poniendo el polvo de sus pies en la cabeza del Señor. Así que se fue a buscar a un devoto que estuviera dispuesto. Sin embargo, ninguno de los que abordaba estaba dispuesto a darle el polvo de sus pies por temor de cometer un terrible sacrilegio. Finalmente *Narada* regresó con *Krishna* y le confesó su fracaso.

Krishna le dijo que fuese a preguntarles a las *gopis* (lecheras) de *Vrindavan*. *Narada* estaba dudoso, pero de todas formas fue a *Vrindavan*. En cuanto *Narada* mencionó el dolor de cabeza del Señor y la cura prescrita, las *gopis* olvidaron todo lo demás y empezaron a quitarse la arena de sus pies descalzos y a guardarla en una bolsita. No tenían ningún reparo en darle el polvo de sus pies al Señor. Tenía dolor y ellas sólo podían pensar en cómo ayudarlo. No les importaba incurrir ni en el peor de los pecados por el bien de su Señor. Si, por el contrario, hubiesen pensado "*Krishna* es Dios ¿Cómo puede Dios tener dolor de cabeza?" no habrían podido expresar su amor y su devoción. Aunque se podría decir que las *gopis* tenían una perspectiva más limitada de la verdadera naturaleza de *Sri Krishna*, su devoción y su amor desinteresados —surgidos de esa misma perspectiva— fueron los que les ayudaron a fundirse con el Señor en tan poco tiempo. Si, por el contrario, hubiesen visto a Dios como un Absoluto impersonal, no habrían sido capaces de concentrar en Dios tanta atención y amor. En consecuencia, les habría podido costar más vidas alcanzar la meta de la vida humana.

Del mismo modo, si no nos relacionamos con el maestro en el nivel humano y tratamos sólo de relacionarnos en el nivel de lo Absoluto, será difícil establecer un vínculo estrecho con el maestro. Por ejemplo, hay personas que piensan que Amma lo sabe todo y que por tanto no hay necesidad de escribirle cartas o de descargar sus corazones. Había un *brahmachari* que había guardado en secreto un acontecimiento concreto que había sucedido en su vida antes de entrar en el *ashram* sin decírselo a nadie, Amma incluida. De vez en cuando pensaba en el suceso cuando estaba cerca de Amma, creyendo que ella ciertamente lo percibiría; pero nunca compartió verbalmente el suceso con ella. Sin embargo, el hecho siguió atormentándolo y finalmente decidió descargar su corazón en una carta a Amma. Después de que ella leyese la carta él fue al *darshan* de Amma y le preguntó si estaba enfadada con él. Amma le sonrió dulcemente y le dijo:

—Por supuesto que no. Todo lo que haya sucedido en el pasado es un cheque anulado. Y empezar una vida con Amma es como hacer borrón y cuenta nueva o borrar todos tus errores. Sólo ten cuidado de no repetir el mismo error. De lo contrario será como borrar una y otra vez el mismo lugar de una hoja de papel: al final el papel se romperá.

El *brahmachari* se sintió muy aliviado con la respuesta de Amma. Mientras se levantaba para irse Amma comentó:

—De todas formas yo ya sabía lo que había pasado; pero al decírselo abiertamente a Amma, Amma puede acercarse a ti. Has tirado una pared entre tú y Amma.

Amma dice que el discípulo debe ser como un libro abierto delante de su maestro. No debe esconder nada. No porque el maestro no sepa algo sobre nosotros, sino porque abrir el corazón al maestro nos ayuda a sentir que el maestro nos pertenece. Mientras permanezcamos en el nivel de la dualidad es muy importante cultivar una relación estrecha con el maestro. Amma dice: "Utilizadme como una escalera para vuestro crecimiento espiritual". Es sólo por eso —para elevar nuestra conciencia al nivel de lo Absoluto— por lo que Amma ha descendido a nuestro nivel antes que nada.

Porque aunque Amma vea la unidad inherente en toda la creación, todavía se relaciona mucho con sus hijos como individuos; porque, al fin y al cabo, así es como nos vemos nosotros mismos. De hecho, muchos ven a Amma como a su confidente y su amiga de toda la vida. Ella se ríe cuando nos reímos, llora cuando lloramos, nos echa de menos cuando nos vamos.

El día anterior al comienzo de la gira de Estados Unidos de 2007 Amma fue a la casa de un devoto situada justo al norte de Seattle. Un grupo de devotos se había reunido allí para darle a Amma la bienvenida a Estados Unidos en su vigésimo primera gira estival anual. Amma se abrió camino rápidamente hasta el centro del grupo preguntándoles a los devotos cómo estaban y cuáles eran los últimos acontecimientos de su vida.

Unas semanas antes de la llegada de Amma había fallecido un devoto estadounidense que estaba muy unido a Amma desde que la conoció en 1987. Todos los que estaban reunidos sentían su ausencia. Tras sentarse en una silla delante de los devotos Amma les pidió a todos que guardasen unos momentos de silencio y rezasen por la paz de su alma. También les pidió a todos los presentes que pensasen en todos los devotos que no podían estar allí por cualquier motivo.

Se había preparado una comida y Amma pronto empezó a pasar platos de comida a todos como *prasad*. Mientras lo hacía, la mirada de Amma recorría la multitud para seguir captando las caras de sus hijos, a muchos de los cuales no los había visto durante gran parte del año. En ese momento una chica que estaba de pie cerca de Amma se dio cuenta de que Amma llevaba un anillo de jade en la mano derecha. Como Amma no acostumbra a llevar esta clase de joyas la chica le preguntó a Amma por qué llevaba el anillo. Amma dijo que durante el último programa de Japón un devoto le había dado el anillo y que, por el profundo amor con que se lo había dado, Amma se había sentido impulsada a ponérselo y seguir llevándolo durante algún tiempo. Después Amma comentó que, de hecho, la cara de la chica que le había dado el anillo le había recordado a la esposa del devoto que había fallecido recientemente.

Amma explicó que esto le sucede a menudo. Dondequiera que vaya las caras de las personas a las que da *darshan* le recuerdan las caras de otros devotos, que a menudo viven en el otro extremo del mundo. También las voces, dijo Amma. La forma en la que una determinada persona habla a menudo le hace pensar en otra persona de un país muy, muy lejano. De esta forma Amma dice que siempre está pensando en sus hijos de todo el mundo, aunque no puedan estar físicamente con ella.

Capítulo 15

El observador y lo observado

"No dejaremos de de explorar, y el final de toda nuestra exploración consistirá en que llegaremos donde empezamos y conoceremos el lugar por primera vez".

—T.S. Eliot

Una vez un general decidió atacar aunque su ejército era muy inferior en número. Confiaba en la victoria, pero sus hombres tenían muchas dudas. De camino a la batalla el general sacó una moneda y dijo:

—Tiraré la moneda al aire. Si sale cara, ganaremos. Si sale cruz, perderemos: el destino se revelará ahora.

Tiró la moneda al aire y todos la miraron atentamente mientras aterrizaba. Salió cara. Los soldados estaban tan contentos y tan llenos de confianza que atacaron vigorosamente al enemigo y salieron victoriosos.

Después de la batalla un teniente le dijo al general:

—Nadie puede cambiar el destino.

—Así es —contestó el general enseñándole al teniente la moneda, que tenía una cara en cada lado.

El truco del general no había añadido ni armas ni hombres a su ejército. Sólo les había dado a sus hombres la confianza que necesitaban para perseverar. Cambió la forma en la que se veían a sí mismos y sus posibilidades. Ganaron la batalla porque creían que podían hacerlo.

Del mismo modo Amma dice: "En el mundo vemos lo que proyectamos. Si miramos con ojos de odio y venganza, el mundo se nos aparecerá exactamente de esa forma; pero si miramos con ojos de amor y compasión no veremos más que la belleza de Dios por todas partes".

Hay un cuento tradicional japonés que ilustra este hecho. Hace mucho tiempo, en una aldea pequeña y lejana, había un lugar conocido como la Casa de los Mil Espejos. Un perrito pequeño y feliz supo de este lugar y decidió visitarlo. Cuando llegó subió dando saltos felizmente por las escaleras hasta la puerta de la casa. Miró por la puerta con las orejas en alto y moviendo el rabo lo más rápido que podía. Para su enorme sorpresa se encontró mirando a otros mil perritos felices con rabos que se movían tan rápido como el suyo. Sonrió ampliamente y le respondieron mil sonrisas igualmente calurosas y amistosas. Cuando dejaba la casa pensó para sí mismo: "Es un lugar maravilloso. Regresaré a visitarlo a menudo".

En la misma aldea otro perrito, que no era tan feliz como el primero, decidió visitar también la casa. Subió lentamente las escaleras y agachó la cabeza mientras miraba por la puerta. Cuando vio a mil perros poco amistosos mirándole les gruñó y se quedó horrorizado al ver que mil perritos le devolvían el gruñido. Cuando se marchó pensaba para sí mismo: "Qué lugar más horrible. No pienso volver nunca".

Amma cuenta un experimento que se realizó para averiguar si este mundo es o no realmente como lo percibimos. Los investigadores le dieron a un joven unas gafas que distorsionaban su visión. Después le dijeron que llevase las gafas continuamente durante siete días. Los primeros tres días se sentía muy inquieto porque su percepción de todo le resultaba bastante perturbadora; pero después sus ojos se adaptaron completamente a las gafas y el dolor y la incomodidad desaparecieron por completo. Lo que

al principio había hecho que el mundo le pareciese extraño y distorsionado más tarde le pareció normal. "De la misma forma", dice Amma, "cada uno de nosotros lleva una clase diferente de gafas. Y el mundo lo vemos a través de esas gafas".

Un día un hombre rico llevó a su hijo de viaje al campo con el firme propósito de mostrarle lo pobre que puede ser la gente.

Pasaron un día y una noche en la granja de una familia muy pobre. Cuando regresaron de su viaje el padre le preguntó al hijo:

—¿Qué tal estuvo el viaje?

—Muy bien, papá —respondió su hijo con entusiasmo.

—¿Y qué has aprendido? —le preguntó su padre con expectación.

El hijo contestó:

—He visto que nosotros tenemos un perro en casa y ellos tienen cuatro. Nosotros tenemos una piscina que llega hasta la mitad del jardín y ellos tienen un arroyo que no tiene fin. Nosotros tenemos lámparas en el jardín y ellos tienen las estrellas. Nuestro patio llega hasta el jardín delantero y ellos tienen todo el horizonte.

El padre del chico no tenía palabras; pero aún no había terminado. Acabó diciendo alegremente:

—Gracias, papá, por mostrarme lo pobres que somos.

Aunque el chico y su padre tenían los mismos genes, vivían en la misma casa, hicieron al mismo viaje y vieron las mismas cosas llegaron a conclusiones completamente diferentes.

Por supuesto, hay ciertas cosas de la realidad objetiva en la que todos podemos estar de acuerdo. Si llueve a cántaros nadie comentará el sol que hace; pero aunque todos nosotros pudiéramos adoptar exactamente la misma actitud y tener la misma opinión sobre lo que estamos mirando, los físicos modernos han descubierto que no es posible que los seres humanos tengan una visión realmente objetiva. Por ejemplo, según el principio de incertidumbre de Heisenberg no es posible saber simultáneamente dónde está una partícula subatómica y en qué dirección se está moviendo, porque cuando se quiere observar la posición de una partícula subatómica dada hay que hacer chocar contra ella otra partícula, en la mayoría de los casos un fotón (partícula de luz). La colisión del fotón con la partícula observada perturba la trayectoria de ésta igual que cuando una bola de billar golpea a otra modifica su trayectoria. Por eso, por el mero acto de la observación el observador modifica la realidad observada.

Dejando aparte la mecánica cuántica, nuestra capacidad de crear una imagen exacta del mundo es muy limitada. Por ejemplo, los seres humanos siempre han supuesto que nuestra capacidad de registrar el mundo que nos rodea sólo está limitada por nuestra paciencia y nuestro ingenio; pero con una tecnología mejor ahora somos conscientes de que el universo es mucho más extenso de lo que podemos siquiera empezar a desentrañar. Hemos empezado a entender las limitaciones de nuestros instrumentos de percepción. Sin embargo, no son sólo las limitaciones de nuestros sentidos y nuestras tecnologías las que dificultan nuestra percepción precisa. Nuestras ideas y conceptos preexistentes obstruyen por lo menos igual. En efecto, todos nosotros estamos psicológicamente discapacitados de una u otra manera. De alguna forma es incluso una incapacitación más paralizante que una discapacidad física. Con una discapacidad física somos claramente conscientes de nuestras limitaciones. Si estamos convencidos de que nuestra mente y nuestra actitud están perfectamente y no somos conscientes de nuestra discapacidad psicológica no nos daremos cuenta de nuestras limitaciones. Cuando nos encontramos en circunstancias difíciles, que de hecho creamos nosotros mismos, nos maravillamos de cómo ha sucedido todo.

Una vez se celebraba un examen final en un curso universitario con más de setecientos estudiantes en la clase. El profesor era muy estricto con el tiempo para el examen y dijo a la clase que cualquier cuadernillo que no estuviese en su escritorio exactamente en dos horas no sería aceptado y el estudiante suspendería.

Después de media hora de examen un estudiante entró caminando despacio y tranquilamente le pidió al profesor un cuadernillo de examen.

—No te dará tiempo a terminarlo —le dijo el profesor sarcásticamente mientras le daba un cuadernillo al estudiante.

—Sí que me dará —contestó con confianza el estudiante.

Tomando asiento comenzó a escribir el examen lenta y cuidadosamente.

Al cabo de dos horas el profesor pidió los cuadernillos de exámenes y los estudiantes los recogieron y se los entregaron obedientemente. Todos salvo el estudiante que había llegado tarde, que siguió escribiendo. Treinta minutos después el estudiante rezagado se acercó al profesor e intentó poner su examen en el montón de cuadernillos de examen que ya había sobre el escritorio.

—No tan rápido —le detuvo el profesor—. No voy a aceptarlo. Es tarde.

Con una expresión de indignación, el estudiante le preguntó:

—¿No sabe quién soy yo?

—No, realmente no lo sé —reconoció el profesor sin mostrar preocupación—. Y para ser sincero no puede importarme menos.

—Bien —replicó el estudiante. Y, levantando el montón de los exámenes terminados a tiempo, metió el suyo en medio y salió del aula.

El profesor no se dio cuenta hasta demasiado tarde de que no tenía suficiente información sobre el estudiante al que se enfrentaba. Como no tenía una imagen precisa del mundo que lo rodeaba fue incapaz de reaccionar de la manera adecuada.

Del mismo modo, la mayor parte de nosotros acepta sin cuestionárselo el mundo en el que vivimos. Estamos empeñados en lograr éxito y prosperidad y nunca nos paramos a pensar si esto merece la pena o si la vida tiene un significado mayor.

Hay, por supuesto, excepciones a la regla. Está el famoso caso del protagonista de la novela "La náusea", del filósofo existencialista Jean-Paul Sartre, al que le horrorizaba el pensamiento de la cantidad de veces que tendría que ponerse los pantalones el resto de su vida. El mismo personaje se siente igualmente asqueado y superado por la repulsión que le provocan los hechos más mundanos de su existencia y los objetos del mundo que lo rodean.

En un momento dado le comenta a un amigo: "Aquí estamos sentados, todos nosotros, comiendo y bebiendo para conservar nuestra preciosa existencia y realmente no hay nada, nada, absolutamente ninguna razón para existir". Los existencialistas vieron correctamente que estamos atrapados en un mundo de formas: persiguiendo formas, ingiriendo formas y comentando el comportamiento y los atributos de otras formas, hasta que nuestra propia forma se derrumba y muere.

Al comprender esto pensaron que podían ver lo que a todos los demás se les estaba escapando; pero a ellos también se les escapaba algo: hay una realidad divina y trascendente que, con un esfuerzo sincero y la gracia de Dios, puede convertirse en nuestra experiencia personal. Como uno que cuenta a los miembros de un grupo y se olvida de contarse a sí mismo, los existencialistas no miraron más allá de la mente para descubrir el *Atma*. Para estos filósofos, como para la mayor parte de las personas, era como si la mente fuera el sujeto final: la vida sobre la tierra serían estímulos sensoriales tal y como los experimenta la mente por medio de los sentidos.

Es cierto que respecto al mundo exterior la mente funciona como un sujeto. Sin embargo, en sentido último, según el *Vedanta*, la mente también es un objeto porque somos conscientes del estado de nuestra mente —triste, feliz, confuso, claro, etc.—, y cualquier cosa de la que seamos conscientes es un objeto. El *Vedanta* dice que la mente está iluminada por el *Atma*; pero los sentidos y el mundo son iluminados por la mente, de la misma forma que la luz del sol puede reflejarse en un espejo para iluminar un segundo objeto.[12]

Viendo las limitaciones del mundo exterior, pero sin ver nada más allá de él, los existencialistas se sentían superados por la desesperación, la tristeza e incluso la náusea. La suya era una negación negativa del mundo.

Los antiguos *rishis* también afirmaban: *"Neti, neti,"* (esto no, esto no). También negaban el mundo como *mithya* (que siempre cambia y, por tanto, es ilusorio en el sentido último del término); pero la suya era una negación positiva. Todo lo que cambia causa dolor e infelicidad, decían; pero hay una cosa que nunca cambia: es el *Atma* o la conciencia testigo. Sólo identificándonos con Eso podemos ser realmente felices y estar en paz sin que nos afecten los caprichos de la existencia.

En la *Brhadaranyaka Upanishad, Yajnavalkya* le dice a *Ushasta*: "La esencia interior del universo entero también es tu esencia". Para descubrir nuestra esencia interior no tenemos que ir a ningún lugar. Si una ola de la superficie del Mar Arábigo quiere conocer su verdadera esencia no necesita viajar el Océano Atlántico. Le basta con sumergirse bajo la superficie y verá que es esencialmente agua.

Dos personas se encontraban en orillas opuestas de un río con mucho caudal. Una le gritó a la otra:

—¿Cómo puedo llegar al otro lado?

La persona de la otra orilla le contestó:

---

[12] En su Drg Drsya Viveka *Shankaracharya* lo explica así: "La forma es percibida y el ojo es el perceptor. El ojo es percibido y la mente es la perceptora. La mente con sus modificaciones es percibida y el testigo es verdaderamente el perceptor; pero el testigo no es percibido por nadie más".

—¿Qué quieres decir? Ya estás en el otro lado.

Del mismo modo el conocimiento del Ser no es un viaje que haya que emprender. Sólo tenemos que darnos cuenta de que ya somos eso que hemos estado buscando. Los existencialistas vieron parte de la situación; los físicos cuánticos ven otra parte. Los teóricos cuánticos han postulado que hay un inmenso océano de energía oculta de la que el mundo físico tan sólo es una olita. Ese océano de energía sustenta y da lugar a la realidad física. Esos científicos predijeron que energéticamente es enormemente denso. Tan denso que debería aplastarnos; pero carece de fricción y por ello ni nosotros ni nuestros instrumentos lo detectamos. Nos movemos en él como un pez en el agua y le debemos nuestra existencia.

Ésta puede ser lo más cercano a una descripción exacta de *Brahman* que jamás haya propuesto la ciencia moderna; pero también los científicos sólo ven una parte de la situación: sospechan la existencia de *Brahman*, pero nunca se les ha ocurrido éste sea su Verdadero Ser. Sólo los *rishis* consiguieron una visión holística que incorporaba las limitaciones del mundo exterior, la realidad absoluta de *Brahman* y la naturaleza de nuestro Verdadero Ser como ese mismo *Brahman*.

Las personas de mente científica siempre se enorgullecen de ser realistas; pero, de hecho, los únicos que son verdaderamente realistas son los maestros conocedores del Ser como Amma, que son capaces de ver la realidad tal como es. Como dice la *Mundaka Upanishad*: "El que conoce a *Brahman* (la Conciencia Pura omnisciente, omnipresente, omnipotente) se convierte en *Brahman*".

Ésa es la diferencia entre el conocimiento académico y el conocimiento espiritual: cuando hemos aprendido todo lo que hay que saber sobre una rana no nos convertimos en una rana (salvo en los cuentos de hadas); pero cuando hemos entendido realmente la naturaleza de *Brahman* nos "convertimos" en *Brahman*. Como dice Amma al hablar de la persona de conocimiento: "En lugar de hablar del azúcar o de tomar un poco de azúcar él o ella se convierten en azúcar, en el mismo dulzor". La separación entre el observador y lo observado se disuelve completamente. Se convierten en lo mismo.

Así, sólo cuando comprendemos nuestra verdadera naturaleza como la conciencia que llena toda la creación somos verdaderamente capaces de ver con claridad. Hasta entonces es como si estuviésemos mirando por una ventana empañada y sucia.

Exactamente igual que nuestra visión de la realidad está necesariamente limitada por nuestros instrumentos de percepción y coloreada por nuestra actitud, tenemos una visión igualmente limitada de la naturaleza de las palabras y las acciones de un verdadero maestro. De nuevo, las limitaciones del observador impiden la percepción correcta de lo observado. En la medida en que seamos capaces de superar estas limitaciones purificando nuestra mente mediante la contemplación y las prácticas espirituales seremos capaces de percibir más claramente las verdaderas intenciones del *guru*.

El estilo de enseñar de Amma, de impartir conocimiento, es muy sutil. No hay grandes declaraciones, no hay pompa ni pretensiones. Todo es muy natural, espontáneo y humilde. Superficialmente algunas de las acciones de Amma pueden parecer insignificantes, así que quizá las subestimemos y las demos por supuestas; pero, de hecho, en cada momento hay una enseñanza, en cada palabra, en cada acción. Sólo necesitamos un ojo que discierna y la conciencia adecuada para captar la enseñanza.

Por ejemplo, recientemente Amma ha estado hablando del aumento de la contaminación y de los problemas medioambientales en el mundo. Una de las posibles soluciones que ha mencionado es reciclar el plástico, que no es biodegradable y que permanecerá en los vertederos miles de años. Una residente del *ashram* se tomó en serio la sugerencia de Amma y se puso a reflexionar sobre formas de reciclar el plástico blando, que normalmente se considera inservible y que o se quema o se envía al vertedero. De repente un día se le ocurrió que podría ser posible tejer el plástico y convertirlo en algo útil. Después de mucha experimentación ha empezado a tejer bonitas bolsas de viaje y sandalias de cuerdas fabricadas con viejas bolsas de plástico. Cuando le enseñaron a Amma unas muestras de estos productos sus ojos se iluminaron como los de una madre orgullosa y les contó a los demás lo feliz que se sentía de que sus hijos estuvieran demostrando tanta capacidad de reflexionar sobre las cosas y tanto ingenio. "Amma está muy contenta de los esfuerzos de sus hijos por crear riqueza a partir de los desperdicios", dijo Amma en ese momento. "Podría pensarse que sólo es un pequeño gesto; pero gracias a él florecen los corazones de los individuos y otros se sienten inspirados a seguir. Esto puede conducir a cambios significativos en la sociedad".

Aunque miles de personas habían oído el comentario de Amma de que sería bueno reciclar el plástico, aquél no halló eco en la mayoría de ellas. Sin embargo, una persona tuvo la sutileza mental necesaria para realmente asimilarlo y traducirlo en una acción productiva.

Con nuestra perspectiva limitada a veces tampoco vemos el objetivo que tienen las acciones de Amma. Antes de la fiesta de *Onam* de 2007 las mujeres de algunas de las cooperativas de autoayuda creadas por Amma querían celebrar un programa festivo en *Amritapuri*. El programa incluía un concurso para el mejor *pookalam* (diseños florales tradicionales), canciones folklóricas tradicionales, el juego de las sillas y el del tiro de la cuerda.

Estaba previsto que el programa se celebrase en el mayor de los dos recintos del *ashram* y que el *darshan* de Amma se celebrase en el recinto más pequeño, como un día típico entre semana. Apenas media hora antes del comienzo del programa Amma anunció de repente que iba a dar *darshan* en el salón grande. Esto pilló desprevenidos a los organizadores de la celebración del *Onam*, que ya habían vaciado el recinto y lo habían preparado para los actos que iban a celebrarse allí. Ahora que el *darshan* de Amma iba a ser allí no tenían ni idea de lo que sucedería con el programa de *Onam*. Algunos de los participantes, al conocer la noticia, se sintieron decepcionados pensando que su programa sería modificado o incluso cancelado.

Pero cuando Amma llegó al estrado se puso de inmediato a dar instrucciones para colocar las sillas de modo que el mayor número posible de personas pudiera ver el programa. También invitó a todos los residentes del *ashram*, a los visitantes e incluso a los estudiantes a asistir al programa. Más tarde, cuando se dio cuenta de que los organizadores planeaban nombrar a invitados distinguidos de otras partes de la India y el extranjero como jueces del programa, comentó que sería mejor que los jueces del programa fuesen sólo personas de *Kerala*, ya que serían capaces de apreciar plenamente las formas tradicionales de arte y las celebraciones del *Onam*. Todas esas sugerencias e instrucciones las realizaba mientras daba *darshan*.

Las señoras que arreglaban las flores nunca habían soñado que Amma iría a ver todas sus creaciones; pero los *pookalams* se pusieron en el centro del recinto para que Amma pudiese verlos claramente desde su posición en el estrado. Todos los demás elementos del programa también se dispusieron de modo que Amma y todos los demás pudiesen verlos. El corazón de los participantes del programa saltaba de alegría por la oportunidad de actuar para Amma.

Finalmente, después de que se anunciaran los nombres de los ganadores del concurso de *pookalam*, Amma dijo por los altavoces: "Que no se desanimen los que no hayan ganado un premio. Todos habéis hecho vuestro trabajo con una actitud devocional mientras recitabais vuestros *mantras* y Dios ha aceptado todas vuestras ofrendas".

Los participantes del programa e incluso algunos de los organizadores pensaron que la decisión de última hora de Amma arruinaría el programa del día. No tenían la visión del conjunto de la situación.

De hecho, si Amma hubiese dado *darshan* en el otro recinto, el programa sólo lo habrían visto un par de cientos de amigos y familiares. En cambio, hubo miles de espectadores de todo el mundo y la propia Amma asistió al programa. Si Amma no hubiese ido al recinto más grande para el *darshan* el programa de *Onam* no habría sido más que un acto formal; pero con su presencia se convirtió en una verdadera celebración y todos los participantes en el programa regresaron a casa con el corazón contento.

Hace unos años uno de los devotos de Amma que viaja a menudo con ella cantó una canción devocional durante el programa mientras Amma daba *darshan*. Era la primera vez que cantaba para Amma. Desafinaba bastante y su ritmo también distaba de ser perfecto. Aquella noche, después de que Amma terminara el *darshan*, él iba andando con Amma de regreso a la habitación de ella. Como los otros que viajaban en la gira tenían bastante confianza con él, le tomaban el pelo afablemente por su actuación ligeramente torpe. Cada persona le señalaba un error distinto. De repente Amma se volvió y dijo:

—Aunque a ninguno de vosotros os haya gustado, Dios ha aceptado su canción.

Oyendo esto todos se quedaron callados.

Mientras otras personas que escuchaban la canción del devoto sólo podían oír los errores superficiales, Amma podía oír la inocencia del corazón del devoto. Amma dice que esa misma inocencia es la que más nos falta a muchos de nosotros: "Cuando vemos un arco íris o las olas del mar, ¿sentimos todavía la alegría inocente de un niño? Un adulto que experimenta un arco íris como unas meras ondas de luz no conoce la alegría y el asombro de un niño que ve un arco íris o que mira las olas del mar".

El año pasado, al final del programa de tres días de Amma en Munich, después que el *darshan* de *Devi Bhava* hubiese terminado, Amma se abrió paso entre la multitud de su hijos y vio que un montón de globos con forma de corazón, que habían sido utilizados para adornar el recinto, la estaban esperando junto al coche. Cada uno de ellos estaba en manos de un hombre, una mujer o un niño que esperaban una última vislumbre de su querida madre.

Aunque Amma había estado dando *darshan* continuamente durante mucho tiempo, se detuvo fuera del coche, aparentemente encantada con la visión de los balones con forma de corazón. Los balones estaban llenos de helio, y un devoto le mostró a Amma que si los dejaban ir volarían no cinco o diez metros sino lejos en el cielo, muy por encima de las copas de los árboles y de los edificios más altos de la ciudad. Al ver este fenómeno, Amma se volvió como una niña pequeña, aplaudiendo y gritando alegremente.

Empezó a agarrar los corazones llenos de helio de los devotos que había a su alrededor y después, uno por uno, y después en grupos de dos, tres, cinco y diez, los soltaba para que volaran hacia lo alto del cielo. Para los que estaban a su alrededor, ver la bandada de corazones volando como pájaros por el cielo era una visión maravillosa; pero mucho más maravillosa era la visión de la reacción de Amma, su entusiasta participación en este espectáculo. Amma dice: "La inocencia infantil que hay en lo más profundo de ti es Dios". Para Amma todo es nuevo, y la maravilla de la creación de Dios puede encontrarse hasta en las pequeñas cosas. Amma parecía totalmente fascinada por la visión de los luminosos corazones rojos recortándose contra el brillante cielo azul. Los estuvo mirando mucho tiempo con el cuello doblado hacia atrás.

Mientras los devotos se dispersaban poco a poco, un último globo con forma de corazón que no tenía suficiente helio para irse flotando se quedó en el suelo. Llevaba impresas las palabras en alemán: "Mögen eure Herzen erblühen". "Que vuestros corazones florezcan". El último globo se quedó atrás como para dejar a los devotos un mensaje: cuando nuestro corazón florezca con la inocencia de un niño podremos verdaderamente elevarnos a las alturas del conocimiento del Ser.

Capítulo 16

Cómo ve el mundo Amma

"Si preguntas '¿Quién es Dios?', tú eres mi Dios. El viento, el mar, el rugir de un león, los arrullos del cuco: todo es Dios para mí".

—Amma

Aunque podamos haber leído muchas historias sobre los maestros espirituales, la pregunta que puede plantearse es: ¿Qué aspecto tienen esos maestros en la vida real? ¿Reconoceremos a uno si lo vemos? ¿Cómo lo reconoceremos y cómo podemos estar seguros?

Arjuna le hizo esa misma pregunta a *Sri Krishna* en la *Bhagavad Gita* (2.54):

sthitaprajñasya kā bhāṣā samādhisthasya keśava
sthitadhīḥ kiṁ prabhāṣeta kim āsīta vrajeta kim

¿Cuál es, Señor, la descripción de alguien de sabiduría firme, inmerso en *samadhi*?
¿Cómo habla el de sabiduría firme, cómo se sienta y cómo camina?

Arjuna también espera una descripción física del verdadero maestro; pero *Sri Krishna* le deja claro que no es la apariencia física lo que cuenta. No hay marcas de nacimiento espirituales. Más bien, podemos reconocer al maestro por su comportamiento. En las

siguientes estrofas *Sri Krishna* aclara las principales características del *jnani*, o alguien que está establecido en el Ser. El *jnani* —explica *Sri Krishna*— es totalmente autosuficiente, está satisfecho en el Ser por el Ser, y por eso abandona todos los deseos y apegos. Al estar libre del deseo, el miedo y la ira no se siente afligido ante la calamidad. Y, por último, no está ni encantado cuando tiene buena suerte ni abatido en la desgracia. Los que conocen a Amma saben que esta afirmación la describe perfectamente.

Ahora que tenemos una imagen clara del verdadero maestro merece la pena preguntarse por qué el verdadero maestro es así. No es porque posea algún objeto que nosotros no tengamos. Tampoco vive en una dimensión diferente de la nuestra. Lo importante no es qué aspecto presenta el maestro cuando lo miramos, sino cómo mira él el mundo.

Para concluir, *Sri Krishna* dice (2.69):

yā niśā sarvabhūtānāṁ tasyāṁ jāgarti saṁyamī
yasyāṁ jāgrati bhūtāni sā niśā paśyato muneḥ

Lo que es la noche para todos los seres es el día para el *jnani*.
Lo que es el día para todos los seres es la noche para el *jnani*.

Esto no significa que el verdadero maestro se quede levantado toda la noche, aunque en el caso de Amma sea realmente así. Aquí *Sri Krishna* está utilizando la noche como una analogía de la dualidad y el día como una analogía de la no dualidad. Por tanto, lo que es irreal para todos los seres —la no dualidad— es real para el *jnani* y lo que es real para todos los seres —el mundo de la dualidad— es irreal para el *jnani*. Donde nosotros vemos un mundo de diferencias y división el verdadero maestro sólo ve a *Brahman*, el sustrato indivisible de toda la creación.

Imaginaos esta situación: Hace muchísimo calor. Llevas ocho horas seguidas trabajando en la oficina sin ventilador o aparato de aire acondicionado y es obvio que no vas a poder levantarte de la mesa en las ocho siguientes. No has dormido durante treinta horas e incluso entonces sólo fue durante una hora y media. Tampoco has comido en todo el día. Y, además, la última vez que comiste sólo fueron unas cucharadas. Como parte de tu "trabajo" todo el mundo te cuenta constantemente sus problemas y esperan que se los soluciones. Y sabes que mañana igual, y al día siguiente, y al siguiente, durante el resto de tu vida; pero nunca pierdes la sonrisa. Hablas con el mismo amor y atención con todos, como si estuvieses hablando con tu propio hijo. Irradias paz, amor, felicidad y belleza.

Ésta es la imagen de un día de la vida de Amma. Los periodistas le preguntan:

—¿Cuál es su secreto? ¿Cómo es capaz de seguir así día tras día sin siquiera cansarse?

Entonces ella siempre responde:

—Yo no soy como una pila que se queda sin carga después de usarse durante un tiempo. Estoy, por el contrario, conectada a la fuente eterna del poder.

—De acuerdo —prosigue la entrevista típica—. Puedo entenderlo; pero entonces, ¿por qué quiere hacer todo esto? Si yo fuese todopoderoso se me ocurren cosas que haría en lugar de escuchar todo el día los problemas de la gente. ¿No se aburre?

—Para una niñera —explica Amma— cuidar de los niños es una carga; pero para una madre no se vuelve cansado ni aburrido.

El *Advaita Vedanta*, la filosofía espiritual más elevada de la India, enseña que en el sentido último este mundo no es real. Y desde la cumbre de su iluminación un *mahatma* como Amma podría escoger mirarlo de esa forma, mirar todo lo que sucede en este mundo como un simple espejismo. Y cuando se trata de ella misma, de sus necesidades alimenticias, de sus necesidades de descanso, del dolor físico que Amma pueda experimentar, así es exactamente cómo Amma lo ve: no es real, es una mera ilusión. Pero cuando se trata del dolor de sus hijos, de nuestros sufrimientos, de nuestras necesidades, Amma casi desecha esa filosofía y baja a nuestro nivel para abrazarnos, para enjugar nuestras lágrimas, para ofrecernos el amor y la compasión que necesitemos.

Aunque Amma vive en la realidad absoluta, simplemente no descarta nuestras necesidades y deseos sinceros diciendo que todo es una ilusión. Amma dice: "Cuando alguien viene a nosotros con un terrible dolor de cabeza, ¿de qué sirve decirle 'tú no eres el cuerpo ni la mente ni el intelecto. Estás más allá de todo eso"? ¿Cómo va a ayudarle eso? Tenemos que hacer todo lo que podamos para aliviar su dolor o llevarle a un médico". Del mismo modo, cuando la gente acude a Amma para compartir sus problemas, Amma hace todo lo que puede para ofrecerles soluciones. Cada uno de sus proyectos humanitarios ha sido una respuesta a los gritos de sus hijos. Y no se queda satisfecha sólo dando a la gente lo que pide. Por ejemplo, después del *tsunami* los aldeanos de la zona costera acudieron a Amma buscando alimento y refugio. Amma no sólo les dio esto sino que fue más allá para ayudar a que los aldeanos a fuesen autosuficientes. Tras sufrir un desastre tan terrible nunca soñaron con la independencia económica. Al final Amma ha ayudado a transformar toda la economía de las aldeas y la mayoría de la gente está mejor de lo que estaba antes del desastre.

Durante su gira del norte de la India de 2004 Amma celebró un programa de una noche en una ciudad del noroeste. Como es habitual, Amma llegó alrededor de la puesta de sol y siguió dando *darshan* toda la noche, acabando en algún momento después de amanecer. Muy pocas de las personas que había allí habían visto antes a Amma y por eso no se les podría llamar devotos como tales. Ni la persona en cuya casa se quedó Amma la había visto antes. Unos cincuenta de los amigos del anfitrión llegaron inesperadamente para recibir un *darshan* privado antes de que Amma fuese al lugar del programa. Amma estaba en una habitación del segundo piso y esas personas ocuparon la escalera para asegurarse de que no se fuera sin bendecirles. A medida que pasaba el tiempo empezaron a ponerse un poco nerviosos. No les gustaba esperar tanto tiempo. Pensaban que Amma iba a intentar salir a hurtadillas de algún modo sin verlos. Empezaron a dejarlo claro: de una forma u otra iban a tener el *darshan* de Amma.

Cuando se supo que Amma iba a salir se negaron incluso a dejar espacio para que bajase las escaleras. Nadie podía lograr que se movieran ni un centímetro. Los *swamis* temían realmente que Amma pudiese resultar herida cuando pasase a través de la alterada multitud.

Cuando Amma salió de la habitación la gente enloqueció. La escena era un puro caos: todos empujaban a la vez hacia Amma; pero la sonrisa nunca abandonó su cara. No rehuyó a nadie. Penetró en medio de ellos aferrando literalmente a las personas entre sus brazos mientras avanzaba.

Diez minutos más tarde estaba en el coche, yendo hacia la sala del programa donde daría *darshan* a miles de personas durante toda la noche. Por supuesto, no sufrió ningún daño. Mientras el coche de Amma avanzaba por la carretera alguien mencionó la forma tan poco correcta en la que la gente había actuado. Los *swamis* y las personas que viajaban con Amma estaban realmente molestos. No podían creer el ego y la fealdad que habían presenciado, la impaciencia de la gente y las acciones que estuvieron muy cerca de la violencia física.

¿Cuál fue el comentario de Amma? ¿Cómo lo había percibido?

"Amor". Desde el asiento trasero del coche ése fue el comentario de Amma en una palabra sobre lo que había visto. Nosotros vemos un disturbio. Amma ve Amor y sólo Amor.

Cuando observamos el modo en el que vive Amma resulta evidente que ella ve más que el resto de nosotros, en todas las situaciones y en todos los ámbitos de la vida.

Más tarde en la misma gira, en *Jaipur,* una ciudad del estado septentrional de *Rajasthan,* Amma visitó la casa del gobernador. Inspirado por el ejemplo de Amma el gobernador estaba dando todas las semanas ayuda económica a los pobres y los maltratados de *Rajasthan.* Invitó a Amma a su mansión para que pudiera derramar su amor sobre la gente que se reunía allí cada semana con la esperanza de recibir ayuda económica de los fondos públicos.

Entre las muchas personas que se encontraban allí a las que Amma dio *darshan* había un niño de siete años cuyo cuerpo resultó quemado cuando alguien prendió fuego a la cabaña de su padre en una discusión sobre la propiedad. Ya no tenía ojos, ni orejas; sólo un agujero del tamaño de un botón donde había estado la nariz. Ver a aquel niño hizo que a todos se nos saltasen las lágrimas; pero, ¿abrazarlo? ¿Besar esa mejilla corroída como si fuera la más suave de las flores? Es algo que sólo podría hacer un *mahatma* como Amma, alguien que ve todo como su propio Ser. Sólo cuando lo veamos y lo amemos todo como a nuestro propio Ser podremos vivir en un mundo sin repulsión ni aversión.

En el *Purusha Suktam* (1) se dice:

sahasra śīrṣā puruṣaḥ
sahasra-akṣaḥ sahasrapāt

Miles de cabezas tiene la Persona Cósmica.
Miles de ojos tiene, y miles de piernas.

Un año, en su gira del norte de la India, Amma paró cerca de la orilla de un río y estuvo nadando con todos sus hijos. Mientras Amma les lavaba la cara a sus hijos uno por uno, de repente se produjo una conmoción. Dos de las *brahmacharinis* habían sido arrastradas por la corriente y estaban debatiéndose en el agua. En la tensión del momento empezaron a tirar la una de la otra y a hundirse mutuamente. Un devoto occidental se zambulló en el agua y con mucho esfuerzo las sacó a la superficie y las llevó a la orilla. Amma les pidió a todos que saliesen inmediatamente del agua; pero incluso después de que todos lo hubiesen hecho Amma permaneció en la orilla con una mirada preocupada en el rostro. Aunque todos seguían diciéndole que allí no quedaba nadie más, Amma repetía con insistencia: "¡Uno de mis hijos sigue en el agua!" Sin embargo, nadie más salió, y después de contarlos a todos se comprobó que todos los que estaban allí ese día ya habían salido del agua. Por fin, Amma se acercó a una devota occidental de muchos años y le dijo: "Ten mucho cuidado". Esa mujer no sabía nadar y empezó a preocuparse por la advertencia de Amma. Más tarde esa noche escribió las palabras de Amma en su diario.

Unos días más tarde la misma mujer estuvo hablando con su padre, que había estado de vacaciones en el Caribe. Él le contó que durante sus vacaciones había tenido un encuentro con la muerte. Unos días antes estaba bañándose en el mar Caribe cuando de repente las aguas revueltas lo arrastraron mar adentro. Una ola tiraba de él hacia abajo y gritó desesperadamente a su amigo para que lo salvase; pero no había forma de que su amigo lo alcanzara. Al darse cuenta de lo inevitable de su muerte el hombre llamó a Amma. Finalmente dejó de luchar y se rindió a su destino. Para su sorpresa, las olas simplemente lo devolvieron a la orilla y lo depositaron en la playa.

Cuando comparó el momento del susto de su padre con lo que pasó en el río en la India la mujer supo que los dos sucesos habían ocurrido simultáneamente y comprendió que era a su padre a quien Amma se estaba refiriendo cuando dijo: "Uno de mis hijos sigue en el agua".

Recientemente un equipo de noticias de la televisión visitó el *ashram* de Amma. Decidieron que querían entrevistar a uno de los residentes del *ashram* al que habían encargado la coordinación de su visita. Durante la entrevista contó que antes de conocer a Amma su principal preocupación era tener más comodidades y sentirse más feliz, pero que ahora, inspirado por el ejemplo de Amma, sólo quería servir al mundo. Cuando el equipo de noticias se fue del *ashram*, el joven le dijo a Amma que no había querido que le grabaran con la cámara, pero que el corresponsal había insistido en entrevistarle. Cuando conoció sus declaraciones ante la cámara, Amma contestó:

—Si realmente has ofrecido tu vida al mundo, entonces no te quedará ego. Te dará lo mismo estar detrás o delante de la cámara.

La lógica impecable de Amma dejó al joven sin palabras; pero Amma no había terminado con él, y añadió:

—De todas formas, otra cámara te está observando siempre.

Eso me recuerda algo que sucedió en los primeros días del *ashram*. Uno de los residentes recién incorporados al *ashram* le estaba contando a Amma los problemas que estaba experimentando.

—No te preocupes, hijo mío, Amma está siempre contigo —le consoló ella.

—Ya lo sé —bromeó el joven—. Eso es lo que más me preocupa.

Hace mucho tiempo descubrimos que no podíamos ocultarle nada a Amma. Un día un devoto le ofreció a Amma una bolsa de galletas. Sin abrir la bolsa Amma llamó a otro de los residentes del *ashram* y le dijo:

—Hijo, guarda estas galletas. Las compartiremos esta noche.

El joven cogió la bolsa y se fue a su cabaña. Allí abrió la bolsa y encontró cinco paquetes de galletas. Sacó un paquete y lo escondió en el tejado de su cabaña, entre las hojas de cocotero.

Por la noche Amma pidió las galletas para repartirlas como *prasad*. El joven trajo la bolsa sin el paquete que había escondido en su cabaña.

—Hijo, aquí sólo hay cuatro paquetes. ¿Dónde está el quinto?

El joven no dijo nada, pero se quedó helado, como un ciervo ante los faros de un coche. Por fin Amma se levantó y fue a la cabaña, directamente al escondrijo del tejado, y recuperó el paquete que faltaba. Entonces contó la historia entera durante la comida, explicando que le había dado al joven la bolsa de galletas al para poner a prueba su desinterés. Y, aunque había suspendido el examen, aprendió la lección: desde ese día nunca se llevó nada que no fuera suyo.

Hace varios años una devota y su hija adolescente iban de viaje al *ashram* de Amma de la India. Estaban en pleno vuelo, a medio camino entre Singapur y *Trivandrum*, donde tomarían un taxi para las tres horas de viaje por la costa occidental de la India hasta el *ashram*. Habían terminado la comida del avión y la azafata estaba retirándoles las bandejas. De repente el avión entró en una terrible turbulencia, una violenta sacudida, a izquierda y derecha, arriba y abajo.

Y entonces el estómago de la devota se encogió cuando el avión empezó a caer de golpe hacia la tierra. El avión no cayó en picado, sino que simplemente se desplomó, desde una altitud de diez mil metros hasta seis mil quinientos metros en menos de un minuto. Entonces, durante un breve instante, todo volvió a ser normal. Justo el tiempo suficiente para que los pasajeros se miraran los unos a los otros y suspiraran de alivio. Y entonces el avión cayó en picado.

Las mascaras de oxígeno aparecieron delante de los pasajeros, pero nadie alargó la mano hacia ellas. La devota y su hija miraron a la azafata buscando una expresión tranquilizadora. Lo que vieron fue un pánico absoluto. Las hijas de Amma se pusieron a rezar.

Y les sobrevino una especie de paz. La hija de la devota recordaba más tarde que no tenía miedo mientras miraba por la ventana y veía el profundo mar azul acercarse rápidamente.

Por fin, a unos tres mil metros sobre el agua, el avión se estabilizó. Unos minutos más tarde la voz del piloto salía por el altavoz, teñida todavía de un alivio nervioso.

—Todo irá bien. Les rogamos amablemente a todos que permanezcan sentados… y que no salten del avión.

El piloto no explicó qué había causado la caída ni cómo habían conseguido salir de ella. Aterrizaron a salvo y sin más incidentes.

Cuando llegaron al *ashram*, la devota y su hija fueron al *darshan* de Amma y le contaron lo que había sucedido. Amma no dijo nada, pero las tuvo abrazadas durante lo que pareció un rato especialmente largo. Más tarde la asistente de Amma le dijo a la devota que Amma había estado de un humor muy abstraído antes de bajar al *darshan* de la mañana. Había estado balanceándose hacia atrás y hacia adelante murmurando: "Demasiado movimiento, demasiado movimiento…" Y había dicho el nombre de la devota.

Hasta en la esfera objetiva de la realidad hay muchísimo que Amma puede ver y que es invisible a nuestros ojos. En la primera gira mundial de Amma, la noche de su llegada a Santa Fe, Amma se quedó despierta toda la noche. Por la mañana explicó que había visto a muchos seres sutiles de aspecto extraño que habían acudido a recibir sus bendiciones. Cuando le preguntaron cómo eran, Amma contestó que tenían el torso de un animal y las piernas de un ser humano. Y resulta que en una de las habitaciones de la casa donde Amma se estaba quedando había unas figurillas que coincidían exactamente con la descripción de Amma. Aunque el propietario de la casa sólo las tenía expuestas como decoración, resultó que eran las imágenes de los dioses o "kachinas" adorados por las tribus locales de nativos americanos. Al oír los comentarios de Amma comprendieron que esos "kachinas" no sólo eran figurillas decorativas, como los considera la mayor parte del mundo actual, sino seres sutiles que realmente existen y que pueden ser vistos por quienes tienen una percepción tan sutil.

Amma también ha mostrado su profunda comprensión intuitiva de la tradición espiritual de la India. Por ejemplo, aunque durante muchos siglos la costumbre de la India ha prohibido que las mujeres realicen el culto ritual en los templos, la propia Amma ideó una nueva clase de templo y de culto y ha inaugurado unos dieciocho de esos templos en los últimos veinte años. A algunas de las *brahmacharinis*, incluyendo occidentales a las que normalmente incluso se les prohibe entrar en el sanctasanctórum de un templo, se les ha enseñado desde entonces a celebrar las formas rituales tradicionales de culto en el templo. Cuando hubieron completado su formación Amma envió a estas *brahmacharinis* a distintos ashrams filiales. En ese momento algunos le preguntaron por los mandamientos de las escrituras que Amma podía presentar en apoyo de su iniciativa. Amma respondió que la autoridad de las escrituras procede de las palabras de los *mahatmas* y que en consecuencia esos mismos *mahatmas* tienen autoridad para realizar las modificaciones necesarias a lo largo de los siglos para adaptarse a las necesidades del tiempo y el lugar.

En la *Bhagavad Gita* (2.46) el Señor *Krishna* dice:

yāvān artha udapāne sarvataḥ saṁplutodake
tāvān sarveṣu vedeṣu brāhmaṇasya vijānataḥ

192

Para un ser iluminado todos los *Vedas* son tan útiles
como un depósito de agua cuando todo está inundado.

Eso no significa que los verdaderos maestros no obedezcan ni
respeten las escrituras, pero no necesitan las escrituras como guía.
Ya han logrado el Conocimiento Supremo descrito por las ellas.
Con su visión universal Amma puede ver con facilidad más allá
de las diferencias superficiales entre las tradiciones religiosas del
mundo. Por eso nunca le pide a nadie que cambie de religión, sino
que profundice en su propia fe, descubra sus principios esenciales
y viva según los mismos.

Durante una de las giras estadounidenses de Amma el personal de la gira presentó una amplia recopilación de canciones
y bailes que representaban a las principales tradiciones religiosas
del mundo; pero la persona que iba a representar a una determinada religión se había puesto enferma. Nadie se dio cuenta de
su ausencia; pero, cuando las actuaciones hubieron terminado,
Amma señaló que había quedado fuera una religión importante.
Incluso en pleno *darshan* realizó su propia actuación, cantando
una canción devocional de esa tradición. Sólo entonces se com-
pletó el popurrí de las fes del mundo.

Hace más de una década, antes que el calentamiento global
y la creciente falta de armonía de los ritmos naturales ocuparan
el centro del escenario de la conciencia pública, la profunda comprensión de Amma del funcionamiento de la Madre Naturaleza
fue la causa de que advirtiera que la humanidad no podía seguir
por el camino actual: "Ahora ya no llueve cuando se supone que
tiene que llover. Y, si llueve, lo hace demasiado poco o en exceso,
o llega demasiado pronto o demasiado tarde. Lo mismo pasa con
la luz del sol. En la actualidad los seres humanos están tratando
de explotar la Naturaleza. Por eso hay inundaciones, sequías y
terremotos, y todo se está destruyendo".

Incluso vio una causa oculta de la creciente falta de armonía de la Naturaleza: señaló que aún más dañinas que el humo negro que emitían las fábricas eran las nubes negras del egoísmo, el odio y la ira del corazón de los seres humanos, y que no sólo las acciones de la humanidad, sino sus pensamientos y palabras, afectan directamente la Naturaleza. "Hay un tremendo deterioro de la calidad de vida. Muchas personas han perdido la fe. No sienten nada de amor y compasión y se ha perdido el espíritu de equipo, de trabajar juntos, de la mano, por el bien de todos. Esto ejercerá una mala influencia sobre la Naturaleza. La Naturaleza retirará todas sus bendiciones y se volverá contra la humanidad. La reacción de la Naturaleza será inimaginable si la humanidad sigue así".

E incluso ahora Amma dice que la Naturaleza todavía está muy agitada. De ningún modo estamos fuera de peligro. Amma dice que sin un cambio significativo en el comportamiento y las actitudes de los seres humanos la Naturaleza seguirá causando estragos. A menudo les pide a todos sus devotos que recen para que la brisa fresca y suave de la gracia divina se lleve las oscuras nubes de la ira, el odio y la negatividad de los corazones de los seres humanos.

Y recientemente está sugiriendo toda una serie de medidas prácticas concretas —desde plantar árboles hasta compartir el coche y desde ahorrar agua y papel a reciclar el plástico— que sus devotos ya han empezado a poner en práctica en todo el mundo. Esto ejercerá una influencia tremendamente positiva en la Naturaleza y ayudará a devolver nuestro planeta a su estado original de armonía y orden natural.

Hay un antiguo templo en Chidambaram, en *Tamil Nadu*, que subraya la amplitud de miras del *Sanatana Dharma*. En ese templo, en lugar de tener el *darshan* de Dios viendo una imagen, se entra realmente en Dios. En el templo hay un espacio físico, el *akasha linga*, al que se considera Dios manifiesto. Así que se entra en la sala y literalmente se entra en Dios, se camina por Dios, se respira a Dios, se siente por dentro y por fuera el misterio que es Dios. El templo es una enseñanza sobre la naturaleza omnipresente de Dios.

Ésa ha sido la visión de Amma desde su nacimiento. Amma dice que vino al mundo viendo claramente que todo en su interior y a su alrededor estaba saturado de Dios; que dentro y fuera no había nada más que una conciencia divina que lo abarcaba todo.

No es que Amma no vea la diferencia entre las plantas, los animales, los árboles, los ríos y las estrellas y las personas que entran y salen de sus brazos. Amma ve todo esto igual que tú y yo; pero también ve que todas esas cosas aparentemente dispares son en realidad una, como las últimas partículas subatómicas, por así decirlo, son Dios y sólo Dios.

Ése es el secreto de la inmensa compasión de Amma. No tiene límites porque el sentido del Ser de Amma no tiene límites. Su sentido del Ser es omnipresente, como el espacio. En la mente de Amma no hay un límite donde ella acabe y nosotros empecemos.

Esta no dualidad es la visión de Amma, y el resultado es que, cuando Amma ve a alguien que sufre, inmediatamente va a consolarlo. ¿Por qué? Porque no lo ve como separado de ella. Cuando ve a alguien sin casa, quiere darle una casa. Cuando ve a alguien sin medios para recibir una educación adecuada, quiere darle una educación adecuada. Cuando ve a alguien sin comida, quiere darle de comer. Cuando ve a alguien sin amor, quiere amarle. Para Amma el impulso de ayudar a otros es tan natural como el impulso de enjugarse las lágrimas que caen de sus propios ojos. Para Amma no hay diferencia. Por eso sirven al mundo los verdaderos maestros como Amma. Porque, como dice Amma, viven para sus discípulos y sus devotos. Porque, al ver todo y a todos como ellos mismos, su amor y compasión fluyen sin cesar hacia el universo entero.

Este verano pasado, en una sesión de preguntas y respuestas de uno de sus retiros, un devoto le dijo inocentemente a Amma:

—Nunca he visto unos ojos como los tuyos. Parecen contener todo el universo. ¿Has pensado alguna vez en tus ojos?

La respuesta de Amma fue breve, dulce y enormemente profunda:

—Veo mis ojos por medio de los tuyos —le respondió al que preguntaba—. Me veo a mi misma a través de ti.

Realmente no podemos comprender nunca cómo es ver el mundo con los ojos de Amma; pero es evidente que, mire donde mire, Amma ve más que nosotros. Ve más profundamente la situación, el corazón de la persona y la causa del problema de que se trate. Ve seres que para nosotros son invisibles y acontecimientos que se desarrollan al otro lado del mundo. Ve, más allá del dogma, el corazón unificado de las religiones del mundo; y, más allá de las diferencias culturales, ve a todos los seres humanos como una familia universal. Ve las mentiras piadosas, ve las motivaciones ocultas y ve al que es puro de corazón. Ve las acciones y pensamientos de sus devotos y sus discípulos y ve, más allá de la fealdad, la belleza interior del corazón inocente. Mire donde mire, sólo ve a Dios. En último término, no ve nada más que su Ser en todas partes. Es como siempre ha sido y como siempre será.

Glosario

Advaita: Literalmente "no dos". Se refiere al no dualismo, el principio fundamental del *Vedanta*, la filosofía espiritual más elevada del *Sanatana Dharma*.

Amrita Kuteeram: El proyecto de viviendas del *Mata Amritanandamayi Math*, que proporciona hogares gratuitos a familias muy pobres. Hasta el momento se han construido más de cuarenta mil casas en toda la India.

Amrita Vidyalayam: Escuelas de primaria creadas y administradas por el *Mata Amritanandamayi Math*, que facilitan una educación basada en valores. En la actualidad hay cincuenta y tres escuelas *Amrita Vidyalayam* en toda la India.

Amritapuri: La sede internacional del *Mata Amritanandamayi Math*, ubicada en el lugar de nacimiento de Amma en *Kerala* (India).

Ananda: Dicha.

archana: Adoración.

Atman: El Ser, la Conciencia.

AUM : (También "*Om*") Según las escrituras védicas es el sonido primordial del universo y la semilla de la creación. Todos los demás sonidos salen de *Om* y regresan a *Om*.

bhajan: Canción devocional.

brahmachari: Un discípulo célibe masculino que realiza disciplinas espirituales bajo la guía de un maestro. *Brahmacharini* es el equivalente femenino.

Brahman: La Verdad Última más allá de todos los atributos. El substrato omnisciente, omnipotente y omnipresente del universo.

darshan: Una audiencia con una persona santa o una visión de lo Divino. Amma da su *darshan* de una forma especial, bajo la forma de un maternal abrazo.

Devi Bhava: "El Estado Divino de *Devi*". El estado en el que Amma revela su unidad y su identidad con la Madre Divina.

dharma: En sánscrito *dharma* significa "lo que sostiene (la creación)". Más comúnmente designa la armonía del universo. Otros significados son: rectitud, deber, responsabilidad.

gopi: Las *gopis* eran lecheras que vivían en *Vrindavan*, el hogar de *Krishna* durante su infancia. Eran ardientes devotas de *Krishna*. Son el ejemplo del amor más intenso por Dios.

jivanmukti: La liberación mientras todavía se vive en el cuerpo.

jiva ó jivatma: El alma individual. Según el *Advaita Vedanta*, el *jivatma* no es realmente un alma individual limitada sino lo mismo que *Brahman*, también llamado el *Paramatma*, el Alma Suprema única que es la causa tanto material como inteligente del universo.

jnana: Conocimiento.

jnani: Una persona que ha alcanzado el conocimiento de Dios o el Ser. Uno que conoce la Verdad.

Kauravas: Los cien hijos del rey Dhritarashtra y la reina Gandhari, el mayor de los cuales era el malvado Duryodhana. Los *Kauravas* eran los enemigos de sus primos, los virtuosos *Pandavas*, contra quienes lucharon en la guerra del *Mahabharata*.

Mahabharata: Una de las dos grandes epopeyas históricas indias, junto con el *Ramayana*. Es un gran tratado sobre el *dharma*. La historia trata principalmente sobre el conflicto entre los honrados *Pandavas* y los malvados *Kauravas* y la gran guerra de Kurukshetra. Tiene cien mil estrofas y es el poema épico más largo del mundo. Fue escrito alrededor del 3.200 a.C. por el sabio *Veda* Vyasa.

mahatma: Literalmente "gran alma". Aunque el término se utiliza ahora más ampliamente, en este libro *mahatma* alude a alguien que habita en el conocimiento de que él o ella es uno con el Ser Universal o *Atma*.

Mata Amritanandamayi Devi: El nombre que sus discípulos le dieron a Amma y que significa la Madre de la Dicha Inmortal. A menudo se le antepone *Sri*,que indica algo propicio.

Mata Amritanandamayi Math (MAM): La organización humanitaria y espiritual de Amma. Los servicios sociales y benéficos del MAM cruzan todas las barreras de nacionalidad, raza, casta y religión, y han llamado la atención de la comunidad mundial. En 2005 las Naciones Unidas concedieron al MAM el Estatus Consultivo Especial en reconocimiento de su ayuda en desastres y sus esfuerzos humanitarios a gran escala.

maya: Ilusión. Según el *Advaita Vedanta* maya es lo que hace que el *jivatma* se identifique erróneamente con el cuerpo, la mente y el intelecto en lugar de con su verdadera identidad, el *Paramatma*.

mithya: Cambiante y, por tanto, impermanente. También ilusorio o falso. Según el *Vedanta* el mundo visible entero es *mithya*.

Onam: La Fiesta de la Cosecha de *Kerala*, que rememora una época dorada en la que su pueblo vivía en completa armonía bajo el benévolo reinado del rey Mahabali.

Pandavas: Los cinco hijos del Rey *Pandu*, héroes de la epopeya *Mahabharata*.

Paramatma: Ser Supremo.

prasad: Ofrenda bendecida o regalo de una persona santa o un templo, a menudo en forma de alimento.

puja: Culto ritual o ceremonial.

Puranas: Los *Puranas*, empleando ejemplos concretos, mitos, historias, leyendas, vidas de santos, reyes y grandes hombres y mujeres, alegorías y crónicas de grandes acontecimientos históricos, pretenden hacer accesibles a todos las enseñanzas de los *Vedas*.

rishis: Visionarios que conocen el Ser o sabios que perciben los *mantras* en meditación.

samadhi: Literalmente "la suspensión de todas las oscilaciones mentales". Un estado trascendente en el que el ser individual se une con el Ser Supremo.

samsara: El ciclo del nacimiento y la muerte.

Sanatana Dharma: "El Modo de Vida Eterno". El nombre original y tradicional del hinduismo.

satsang: Estar en comunión con la Verdad Suprema. También estar en compañía de *mahatmas*, escuchar una charla o discusión espiritual y participar en prácticas espirituales en grupo.

unniyappam: Dulce frito tradicional de *Kerala*.

Vedanta: Literalmente "el fin de los *Vedas*". Se refiere a las Upanishads, que tratan sobre el tema de *Brahman*, la Verdad Suprema, y el camino para conocer esa Verdad.

Guía de pronunciación

Las palabras indias que aparecen en cursiva en el libro están en la transcripción original inglesa. En esta guía indicamos cómo se pronuncian aproximadamente en español, así como el género de los sustantivos en nuestra lengua (femenino/masculino = f/m). En cada país o región hispanohablante la pronunciación del español es diferente. Aquí adoptamos la pronunciación castellana.

Hay que pronunciar las letras de la transcripción española como si fuera una palabra española, con las siguientes excepciones:

- La letra "sh" suena como en inglés ("shock"), es decir, como la "x" catalana o gallega.
- La letra "j", como en inglés ("John") o en catalán ("Jordi").
- La letra "h" aspirada, como en inglés o alemán ("house", "heil").
- La letra "r" siempre suave, como en "cara", no como en "rosa", aunque vaya a principio de palabra.

Cuando la palabra se pronuncie en español igual que se escribe en inglés, ponemos "íd.", para abreviar.

Adi Shankaracharya: id. (m)
Advaita Vedanta: Aduaita Vedanta (m)
akasha linga: íd. (m)
Amrita Vidyalayam: Ámrita Vidyálayam (m)
Amritapuri: Ámritapuri (f)
ananda: íd. (m)
archana: árchana (m)
Arjuna: Árjuna (m)
ashram: áshram (m)
Atma: íd. (m)
Atma Bodha: íd. (m)
Atma jnana: Atma ñana (m)
Bangalore: Bangalor

Bhagavad Gita: Bhágavad Guita (f)
bhajan: íd. (m)
bhava darshan: íd. (m)
bodhisattva: bodhisattua (m)
Brahman: íd. (m)
brahmachari: íd. (m)
brahmacharini: brahmachárini (f)
Brhadaranyaka Upanishad: Brihadarányaka Úpanishad (f)
Buddha: íd. (m)
charvaka: íd. (m)
Chidambaram: Chidámbaram (m)
darshan: íd. (m)
Devi Bhava: íd. (m)
Dhananjaya: Dhanánjaya (m)
dharma: íd. (m)
Drg Drsya Viveka: Drig Drishya Viveka (m)
ghee: ghi (f)
gopi: íd. (f)
Gujarat: íd. (m)
guru: íd. (f/m)
Guru Gita: Guru Guita (f)
Hyderabad: Háiderabad
iccha-sakti: ichcha shakti (f)
jivanmukti: íd. (f)
jivatma: íd. (m)
jnana-sakti: ñana shakti (f)
jnani: ñani (m)
kapalika: kapálika (m)
karma: íd. (m)
karma phalam: karma phálam (m)
Karnataka: Karnátaka (m)
Kashmir Kali: Káshmir *Kali* (f)

Kauravas: Káuravas (m)
Kaveripoom Pattinam: Kavéripum Páttinam (m)
Kerala: Kérala (m)
Kochi: íd.
kriya-sakti: kriya shakti (f)
Madurai: Mádurai
Maharashtra: íd. (m)
mahatma: íd. (f/m)
Manase nin svantamayi: Mánase nin suantamayí
Mangalore: Mangalor
Mata Amritanandamayi Math: Mata Amritanándamayi Math
    (m)
Matru Gramam: Matru Grámam (m)
mithya: íd.
moda: íd. (m)
Mundaka Upanishad: Múndaka Úpanishad (f)
Nachiketas: íd. (m)
Nagamahasaya: íd. (m)
Nambi: íd. (m)
Nambiaroorar: Nambiárurar (m)
Narada: Nárada (m)
Narasimha: Narasinha (m)
neti: íd.
Om: íd.
Onam: Ónam (m)
Padmapada: íd. (m)
Pandavas: Pándavas (m)
Paramarthika satta: Paramárthika satta (f)
Paramatma: íd. (m)
Partha: íd. (m)
Parvati: Párvati (f)
Pattinatthar: Pattinátthar (m)

Pondicherry: Pondicheri
pookalams: púkalam (m)
prakriti: prákriti (f)
pramoda: íd. (m)
prarabdha karma: íd. (m)
prasad: íd. (m)
pratibhasika satta: pratibhásika satta (f)
preyas: íd.
priya: íd.
puja: íd. (f)
purana: íd. (m)
Purusha Suktam: Púrusha Súktam (m)
puttu: íd. (m)
Rajasthan: Rájasthan
Ram Charit Manas: Ram Chárit Manas (m)
Ramanuja: Ramánuja (m)
Ramayana: Ramáyana (m)
Rameswaram: Raméshuaram (m)
rishi: íd. (m)
samadhi: íd. (m)
samashti drishti: íd. (f)
sambar: sámbar (m)
samsara: sansara (m)
samskriti: sánskriti (f)
Sanatana Dharma: Sanátana Dharma (m)
Satguru: Sátguru (m/f)
satsang: sátsang (m)
Satya Yuga: íd. (m)
Shankaracharya: íd. (m)
Shantideva: íd. (m)
Shiva: íd. (m)
sreyas: shreyas

Sri Krishna: Shri Krishna (m)

Sri Mata Amritanandamayi Devi: Shri Mata Amritanándamayi Devi (f)

Sri Ramakrishna Paramahamsa: Shri Ramakrishna Paramahansa (m)

Srimad Bhagavatam: Shrímad Bhágavatam (m)

Subrahmanya Bharati: Subrahmanya Bhárati (m)

Sundarar: Súndarar (m)

Sutratma: íd. (m)

Swami: suami (m)

Swami Purnamritananda: Suami Purnamritananda (m)

Swami Ramakrishnananda Puri: Suami Ramakrishnananda Puri (m)

Swami Vivekananda: Suami Vivekananda (m)

tambura: íd. (m)

tapam: tápam (m)

Tamil Nadu: íd. (m)

Thirukottiyur Nambi: íd. (m)

Thiruvalluvar: Thíruval-luvar (m)

Thiruvennai Nalloor: Thiruvennái Nal-lur

Tirunavaloor: Tirunavalur

Trivandrum: Trivándrum (m)

Tulsidas: íd. (m)

unniyappam: unniáppam (m)

Ushasta: íd. (m)

Vedanta: íd. (m)

vikriti: víkriti (f)

Vishnu: íd. (m)

Vrindavan: íd. (m)

vyavaharika satta: vyavahárika satta (f)

Yajnavalkya: Yajñavalkya (m)

Yama: íd. (m)

Yudhishthira: Yudhíshthira (m)
yuga: íd. (m)

www.ingramcontent.com/pod-product-compliance
Lightning Source LLC
LaVergne TN
LVHW051732080426
835511LV00018B/3018